Power 谈判

优势谈判实战训练手册

〔英〕史蒂夫·盖茨（Steve Gates）◎著

苏 西◎译

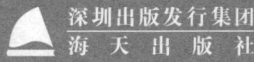

深圳出版发行集团
海天出版社

图书在版编目（CIP）数据

优势谈判实战训练手册 /（英）盖茨著；苏西译 . -- 深圳：海天出版社，2014.3
ISBN 978-7-5507-0943-0

I. ①优…　II. ①盖…②苏…　III. ①商务谈判－手册　IV . ① F715.4-62

中国版本图书馆 CIP 数据核字（2013）第 312160 号

版权登记号 图字：19-2013-186 号

优势谈判实战训练手册 (YOUSHI TANPAN SHIZHAN XUNLIAN SHOUCE)
海天出版社出版发行
（地址：深圳市彩田南路海天大厦 518033）
http://www.htph.com.cn
订购电话：0755-25970306，83460397

执行策划：桂 林　黄 河
责任编辑：许全军　林凌珠
责任技编：梁立新
特约编辑：宋金龙　乔明邦
版式设计：李婉琳
封面设计：红杉林文化

深圳市东亚彩色印刷包装有限公司印刷　海天出版社经销
2014 年 3 月第 1 版　2014 年 3 月第 1 次印刷
开　　本：787mm×1092mm　1/16　印　张：15
字　　数：208 千
定　　价：48.00 元

This book will finally help you to negotiate from inside their head! The potential opportunities in China to create, build and realise value go beyond the human imagination. You have great challenges ahead. I hope what I am able to share serves to inspire, empower and enable you to realise that which is possible when negotiating as a Complete Skilled Negotiator.

Good luck and very best wishes

Steve Gates

　　《优势谈判实战训练手册》能帮你赢得谈判，甚至从观念上改变对方的看法。在中国这片神奇的土地上，成功机遇俯拾皆是。我希望看过此书，能够激发你成为一个充满技巧的谈判专家，用一双慧眼寻得良机。

史蒂夫·盖茨

谈判是获取超额回报的最有效方式

我就知道会在这碰见你。对谈判感到好奇吗？你应该好奇。谈判是生活的基础，也是我们对价值进行创造、分配、保护的途径，商业的繁荣甚至非营利组织的发展都离不开它。谈判平息了战争，哄睡了孩子，避免了上百万件法庭诉讼，或许还挽救了一些即将破裂的婚姻。以双方都接受的条款为基础，你可以运用谈判来消解分歧，达成共识。它可以决定企业的盈亏甚至生死，其力量就是如此强大。

谈判高手大多默默无闻。他们对胜利与荣耀不感兴趣。这类人只专注于"达成协议"这一艰巨任务，为保护这份成果，他们会遵守必要的保密协议。然而一个谈判高手知道：谈判时间上的投入会带来巨额回报，它可以促进双方关系、缩短工期、降低风险、增加收益，甚至摆脱困境。没有哪项技能可以像谈判一样，创造如此巨大的价值。

本书将带你以实干派的视角了解谈判。谈判的艺术和科学相辅相成，而且受文化差异、形势变化、双方预期、谈判者能力和人际关系的影响。全能型谈判高手技能和心态俱佳，能够因势利导，在每一场谈判中，都能最大限度地把握机会。这是回报最为丰厚的技能，但也是最让人头痛的技能，所以总结出一套衡量高效谈判的标准才如此艰难！然而，凭借简单的训练、事前准备以及保持清醒的头脑，你的谈判技巧也可大幅提升。

我所说的标准，就是本书所讲述的全能型谈判高手的基本素质和行事方式。之所以说"全能"，而不是"成功"，是因为如果对手在谈判桌上的表现和你一样出色，那就很难判断谁更成功。这个标准还涉及一个"谈判钟面模型"，在这个充满变数的资本市场上，存在着形形色色的谈判方式，这个模型能把它们清楚地区分。这个标准还指出，谈判的过程、各方的行为和力量，以及双方的心理变化、自控力和构成谈判框架的人际关系都极其重要。这个标准不是为了限制你的行为，而是帮助你成为全能型谈判高手，抓住一切机会，谈出想要的结果。

我曾与一些大公司谈判，其中包括宝洁、沃尔玛、摩根士丹利、联合利华、通用电气和沃达丰等公司。利用第一手的实战经验，我总结出了这个已被商界承认的标准。

我还有幸与 Gap 团队里数十名杰出的谈判实干家合作，他们曾经与世界知名组织谈判，并帮助这些组织提高谈判能力。正是凭借这些经验，我们总结出了一些规律，被我们的客户称为谈判的"黄金标准"。

罗杰·道森
克林顿首席谈判顾问　畅销书《优势谈判》作者

　　史蒂夫·盖茨的这本书全面而深刻地论述了谈判，对个人和公司都将有巨大帮助。大量的谈判实例使得本书非常具有可读性。

张佩星
世界财富百强企业职业经理　香港大学 SPACE 学院 EMBA 导师

　　谈判高手与谈判俗手的迥异之处，往往在于思考的方向、手段的选择、乃至于发力的时机。本书展现了实现谈判价值的另一种境界，为我们凿通了迈向成功谈判的一条决定性的阶梯。

赵　民
中国最具影响力的咨询机构"正略钧策"董事长

　　谈判无处不在，无论在企业内部管理还是外部沟通中，你通过谈判努力前进的每一步，都会为你带来实实在在的收益。史蒂夫·盖茨的这本《优势谈判实战训练手册》实用性很强，书中的方法简单有效，读后必定受益良多。

目 录
CONTENTS.

43 　**谈判力法则** 　POWER 是力量，也是优势 　**第3章**

奔驰汽车在英国的需求猛增，
公司一方面大力营销，一方面却严控供应量，
使得客户付款半年后才能提车。
谈判方掌握的信息越多，就拥有越多的谈判优势，
也就有可能获得更多的利润。

73 　**全能高手** 　10 项关键素质 　**第4章**

香港 Zenni 公司认为 10 000 美元费用太高
放弃参加行业展会，会前两周，
举办方却通知 Zenni 公司 4 500 美元可以
使用同样大小的展位，于是他们立即签约，
到现场后才发现展位十分偏僻。
没有人因为喜欢你而妥协，或给你更好的条件，
但有很多人因为不喜欢你而拒绝与你交易。

第5章　14个制胜高招　交叉组合使用威力更大　89

服务为王的南非 Sedex 公司的一位销售经理
在客户临阵换将后，手脚大乱，在强大的对手面前
轻易让出 200 万美元利润。
为了消除不适感而让步，你会付出巨大代价。

第6章　情绪因子　心理上的一时之快可能毁掉整桩生意　119

手握 20 万促销额度的销售经理，
经历了艰难商谈过程后，以 18 万与客户签订促销合同，
还使期望拿到 25 万促销费用的客户连声道谢。
对方之所以满意，是因为这一切是辛苦得来的。
谈判越艰难，遭遇的挑战越多，双方就越看重承诺。

143　授权与决策　双方的拍板人清楚吗？　第7章

一线人员拥有决定权，他们有时也会假装上司不同意，
借此拒绝对方的要求或者向对方提出条件。

161　优势兵法　"不好意思"可能降低预期结果　第8章

当你们准备握手结束谈判时，
对方却说："啊，还有最后一件事，
你肯定会把灵活账期那一条写进去，对吧？"
说完后，他伸出手，等着你的反应。你怎么办？

第 9 章 | 计划与准备事项 针对不同的谈判制定独有方案 183

市场经理为一次推广活动订购了 20 000 本宣传册,
印刷厂同意在 14 天内送达指定地点,且货到付款。
稳妥的市场经理为了确保万无一失,如何完全掌控交期?

第1章

谈遍天下

大师的实战，我的谈判手册

球队经理经过艰难地谈判，以 85 折拿下新赛季球衣合约，为球队节省 500 欧元，却直到开赛两周后，球衣才到货。这本是一次立功的机会，为何却成了过失？

无论你对成功标准怎样定义，谈判结果的好坏都将直接影响你能否拥有成功的人生。

谈判涉及生活的方方面面，我们购买的产品和服务都有一个价格，而这个价格通常经过多方谈判确定。所以下次如果你发现巧克力饼干涨了 0.9 元，你会想因为原材料提价了，还是生产厂商针对竞争对手推出了价格策略，抑或供应商和卖场谈判后签订了新协议？

如果涨价的原因是双方进行了谈判，那么其中可能涉及很多因素，比如促销费用的增加、付款方式的调整、包装大小与包装材料的改变，以及运输成本的提高等。

在这本《优势谈判实战训练手册》中，我想呈现的是关于谈判深刻而本质的理念，而非亦步亦趋的行动指南。我要说的是为争取更好的谈判结果你必须知晓的观点：你要基于自己的判断作出决策，因为谈判的决策人不是别人，就是你。

与日常工作相比，人们真正花在谈判上的时间其实很少，可谈判结果往往正是成败的关键。在这本书中，我会提出问题，并给出答案，这会激发你的兴趣，让你由衷地想成为一个出色的谈判专家。写作本书的目的就是让你从每一场谈判中获得更多价值，让你知道该做什么、什么时候做。最重要的是，这本书会启发你的灵感，给你动力，帮助你成为真正的谈判高手。

谈判是双面镜，看清对手，也认清自己

谈判是一个词语，一个过程，也是一门艺术。它让每个参与者心里都五味杂陈，因为大家都需要通过协商达成共识。然而，谈判是商业的基础，世界上每天都要发生成千上万次谈判事件。假如你能放下成见，把自己的价值观、傲气和对公平的需求也先放在一边，你就朝最有利谈判结果迈出了第一步。所以，我不是教你如何成为一名谈判高手，而是鼓励你改变对谈判以及对自己的看法。

我开办了上千期的谈判研修班，在此期间，我发现学员们在逐渐掌握谈判技巧的同时，最大的变化就是他们拥有了更加清晰的自我认知。而学习谈判的目的就是训练自我认知的能力。只有当你了解自己，也知道谈判会对你造成何种影响时，你才能适应谈判带来的压力，并走出进退两难的困境。

清晰的自我认知会让你清楚自己行为背后的原因，也会让你认识到这些行为会对结果造成怎样的影响。这个过程会让你充满干劲。它还会帮助我们根据不同的局面调整应对方法，而不是单凭一套适合自己的招数打遍天下。

不管公事还是私事，你都需要与他人谈判、协商并达成共识。无论你对成功标准怎样定义，谈判结果的好坏都将直接影响你能否拥有成功的人生。衡量一场谈判是否成功，有多种标准，比如：

◆ 与上次相比，我是否更满意这次的条款？

◆ 我谈来的结果是否比别家开出的条件更好？

◆ 我是否阻止了僵局的出现？

谈判的成功标准还包括：资金收益、风险控制，甚至对方立场的改变程度。根据衡量标准的不同，成功定义也多种多样。但无论怎样你都要有积极的心态，这意味着你需要在谈判中运用多种技巧。

达成双方乐意执行的共识

虽然事事皆可谈判，但并不意味着什么事都必须谈判。你要衡量潜在收益是否值得你花这个时间。比如你想买个 10 英镑的记事本，而你 1 小时挣 100 英镑，那又何必花 10 分钟砍价呢？你的确可能省下 2 英镑，可折合下来，1 分钟才省了 20 便士！但如果你要买车，5% 的折扣相当于 1 500 英镑，你就该花时间谈谈了。

同理，与伴侣或同事沟通时，往往需要相互迁就，否则别人会觉得你太死板，难以相处，然而你也会遇到这样的场合：以合作为目的的谈判需要双方相互依赖，但你们却持不同观点。需要达成共识的时候，高效谈判提供的不仅是简单的解决方案，更是一份双方乐意执行的方案。

除了谈判，世上没有任何一项技能可以对你的底线造成立竿见影的影响。哪怕协议的细微调整，如付款方式、产品规格、"门槛值"，甚至交货期的变动，都会影响协议的价值或双方收益。

明白这些因素在谈判中的价值，以及对谈判结果的影响，你就会意识到制订计划对整个谈判进程的重要性。周旋于各方利益，通过交换条件，达成更有价值的协议，这就是谈判。在商场上，它被称作实现利润最大化的技能。

> **关键词**
>
> 门槛值（Volume Threshold）：你必须先满足这个最低条件，才能获得其他好处。比如，要拿到折扣，起码订货 1 000 个。

富有成效的谈判让你获得更高的收益，可收益究竟是什么？人们往往将其理解成价格。"这东西多少钱？"这个问题直接而具体。正因如此，它往往是谈判中最具争议的话题。价格是个**待谈事项**，但值得谈的事项还有很多，它只是其中之一。你可能谈成一个很低的价格，认为自己已经赢了，可实际上整个交易却对你非常不利。比如说，你买的东西没能按时到货，或是用了两次就出问题了，或是相关条款不够灵活等。你听说过"一分价钱一分货"吧？

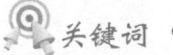 关键词

待谈事项 (Variable)：谈判中有待双方达成一致的事情，议程表里的某一项。

在谈判中，傲气和好胜心都会强化谈判者对"胜利"的渴望，尤其当会议室里弥漫着竞争气氛的时候。可是，谈判最重要的不是对抗，也不是取胜，而是获得最大收益。所以，你要看清对方的想法和言行，以及二者对潜在机会的影响。

身为全能型谈判高手，你要把焦点放在对方看重的事项上，如他们的利益和首要目标，以及意见、截止期限和**压力点**。尽量站在对方的角度看这场交易。

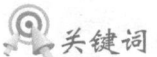 关键词

压力点 (Pressure Points)：影响对方思想或行为的事情和情境。

主动理解他们的动机，你就有机会利用这些资讯为己方在整桩交易中争取更大收益。若是一心想打败对方，你就很容易忘掉谈判的主要目标：争取利益最大化。

关注整体价值，不只是局部价格

想成为谈判高手，你的首要任务就是主动。也就是说，有意识地控制自己的谈判方式，列出全部议题，使每项谈判条款都能符合你的既定目标。罗列议题和条件时，一定要直面内心。请记住，价格只是交易中

的一个元素，价格上的胜利，不等于最好的交易结果。如果希望对方既同意执行合约，又非常看重这份承诺，你就绝不能在谈判中表现出任何傲慢与好胜心。在这种情况下，你还需要提前准备一系列待谈事项，以及一个恰当的谈判流程，还要"钻进对方的脑袋"。

做个主动的谈判者，指的就是"钻进对方的脑袋，看清他们的想法"。对你而言，唯一重要的就是整体价值。它是谈判者的焦点，真正的价值所在。事实上，你可以让对手在价格上取胜，而你则着眼于整体价值。这样即使需要增加预算，你创造的价值也将远远超过价格上的"胜利"。

随堂案例
省了 500 欧元，丢了 1/4 赛季

德国某地一支曲棍球队的新经理人准备为球员更换全新的主场球衣，迎接新赛季。这位经理人花了不少时间与球队赞助商沟通设计方案，并约见了一直为球队提供球衣的供应商。谈判中，新经理把价格压得非常低，坚持要在一年前的价格基础上打八五折。于是，双方把精力都花在了讨价还价上，却忽略了球衣的具体样式，包括颜色、字体、名字刺绣、交货日期、精确尺寸等问题。每一个细节都至关重要。

然而直到合同谈妥，双方才在电子邮件中提及。结果球衣在赛季开始 2 周后才送到，而且少了 4 件小码的。等问题全部解决，赛季已经过去了 1/4。不但赞助商拒绝付钱，经理的信誉也受到了影响。那么这一通折腾到底省了多少钱？区区 500 欧元！

谈判桌上的老姜更辣

谈判桌上，对方的强硬态度会让你觉得简直是挑衅，这可能激发你的好胜心，也可能给你带来压力和焦虑。在这种情况下依然保持从容冷静，正是成为谈判高手的先决条件。倘若做不到这一点，我们的思路就会受到影响，表现也会大打折扣。

所以你应当明白，谈判是一个过程，双方需要时间来适应新情况，特别是遇到以下问题时：

◆ 谈判桌上出现了新状况，如风险、条款的变动；

◆ 你提出了一些可能对合同价值造成实质影响的新提议。

即便是商业会谈，如果对方没能实现他们自己的想法，或是认为你根本不讲理，他们也会感情用事。有些人甚至不计后果，拂袖而去，因此你的对手越老练，谈判就越不容易陷入僵局。他们更能明白：谈判是个过程，除非事事谈定，否则什么都没谈定。实际上，比起未经训练的对手，谈判老手更加自信，更有可能获得较好的谈判结果。我的很多客户都要求供应商与自己参加同样的谈判培训，这样双方就能朝着最大利益努力，不为短期收益分心，也不会被好胜心蒙蔽。

如何让对手自认为占到了"大便宜"？

人人都喜欢价廉物美，喜欢以更低的价格买到东西。你只需在 12 月 27 号去商场看看，就会了解低价对人行为的巨大影响。因插队而拳脚相向屡见不鲜。看见便宜货，很多人都把持不住购物冲动。在极端情况下，如果价格合适，有些人会买下并不需要甚至并不想要的东西。

在 20 世纪 90 年代热播的电视节目《我爱猜价格》中，参赛选手一对一竞猜日用品的价格，从电视冰箱到度假旅游无所不包。游戏规则很简单：面前摆个商品，谁猜的更接近真实零售价，谁就赢。即便这些东西经常上广告，人们也总会猜错，而且通常猜高 25%。人们往往对结果抱有较高期望，对商品价格的预期超过了其真实价值。

交易时，什么价格才算合理？答案取决于很多问题，这些问题都需要谈判。那么，你该如何让对方"满意"？人类的天性决定，他们总是希望最后谈成的条件比原本能得到的更好。

此处有一个心理挑战：你要让对方感到满意，让对方以为，他们经过一番艰苦商讨之后，终于为自己谈成了一桩好交易。让他们赢，或者说让事态按照你的计划发展。

谈判高手的好奇心很强，他们渴望"钻进对方的脑袋，看穿他们的想法"。如果缺乏这种洞察力，思维就会受到局限，我们称之为"被困在自己的脑袋里"。要知道，在谈判中待在这里十分危险。想谈出好结果，你首先要明白这个道理。你必须妥善处理情绪这个难题，才能做到直面自我、认清形势、举止得当。正是你肩负的商业压力，要求你成为有意识、有能力的谈判高手，掌控谈判。

"嘘～～！"赶快闭上嘴巴，竖起耳朵

人们普遍认为，完美的销售无需谈判，只有当分歧产生，谈判才能派上用场。但无论是谈判技能还是谈判过程，都与销售有本质区别。无论你销售的是创意、服务还是具体产品，销售就是销售，不在谈判中占任何位置。在销售中，你宣传产品的优点，同时提供解决方案，让对方觉得物有所值。你需要作解释，讲道理，举例子。销售员可以滔滔不绝地给出一切答案，在任何一项商业活动中都可谈判。

人际关系十分重要，希望促成合作的氛围也不可或缺，虽然没有合作意愿的谈判很难继续，可全能型谈判高手会适时保持沉默。这意味着你要听懂对方的话，揣摩其含意，搞清楚他们的真实立场。

关键词

沉默（Silence）：谈判时，沉默也是相当有效的招数。因为当沉默变得令人难以忍受，对方很可能为了打破沉默而开出条件或提供信息，有时甚至做出让步。

谈判包括计划、提问、倾听、建议，你需要准确判断销售环节在何时已经完美结束，谈判即将开始。一旦进入谈判阶段，销售必须停止。如果谈判中你发觉自己正在"销售"某个提案，无疑是自曝弱点。谈判中，推销意味着你觉得自己开出的条件不够好，需要游说。这实际是在告诉对方，你有些心虚。你说得越多，你让步的可能性就越大。

因此，你要及时发现销售终结而谈判开始这个关键的时间点。你已经进入了谈判阶段，要做的事情很简单：闭上嘴，仔细听，认真想。但是很少有人能够从容面对沉默。谈判中，你需要停顿一下，仔细考虑，同时拿出耐心。如果觉得不自在，那很正常，因为你在谈判。

你敢诚实地面对合作动机吗？

公平、正直、坦诚和信任，这类价值观很自然地鼓励我们开诚布公，但也会让我们的判断有失客观，以致在谈判中妥协。"维持长久的关系需要双方通力合作"，这是个相当普遍的误解。在人际交往中，个人价值观的确重要，但商业关系则往往建立在不同的价值观之上。

人们的价值观一般都深植内心，一提起它，很多人变得防卫心很强，仿佛自己的正直遭到了质疑。但关键在于，价值观没有对错。我不是说谈判高手可以没有价值观，事实上，价值观人人都有。但在谈判中，"行为"与"为人"未必相同。这并不是在挑战你的价值观，而是要帮助你改变行为方式。

在谈判中遵从自己的价值观无可厚非，但别人未必不同样忠于自我，这时你就不得不妥协退让。换言之，如果选择坦诚，与对方共享信息，对方却不肯投桃报李，那你猜猜看，力量会掌握在谁手中？这样合适吗？

经济规律如供需关系的存在，使人们有了生意往来。合作关系可以帮助创造更多机会，但它并非决定性因素。合作中，信任和诚实都是宝贵的价值观，它们牢靠、安全，如果你的企业人数成百上千，那就更是如此。这些价值观也会帮助你们建立长久的合作关系。然而，在谈判中，这些价值观可能滋生自满、散漫的态度，最终伤害公司利益。我们重视合作，也强调利益最大化，力争保护所有相关人士的权益。

如果你喜欢合作型谈判，可能有以下几点原因：

◆ 为了执行已经达成一致的条款，你需要对方的承诺与鼓励；
◆ 你喜欢处理诸多待谈事项，这样可以综合考虑所有结果，并着眼于整体价值；
◆ 你把合作型谈判视为管理双方关系的好办法；
◆ 你害怕冲突，不愿面对谈判破裂的后果。

无论原因是什么，你都要确定一点：你之所以喜欢这种谈判，是因为它符合你的预期，而不仅仅是你喜欢这种其乐融融的风格。判断合作型谈判是否恰当，在于你能否诚实面对自己的动机，是否清楚合作带来的利益。

终场后必不可少的"实况回顾"

你是否曾扪心自问："如果改变做法或决定，我能否谈成更好的条件？"采取下一步行动总是比自省更容易，后者包括回顾我们在谈判中的表现，比如做了什么、为何这么做、结果如何等。我们应该从每场谈判中总结、学习，就算你意外妥协，回顾也会积累经验，而自省需要坦诚地面对自我。下面4项挑战能帮你作好总结，并准备好下一场谈判。

挑战 1　为自己的行为负责

谈判的结果往往很难评估，但是我们在回顾过程时，若能摒弃为自我辩护心态，评估就会容易得多。拒绝正视真相让我们过于简单地看待刚才的谈判，并为自己的某些行为找借口。谈判会让人不舒服。你会经常面对沉默和威胁，还有让你无所适从的困境。想漂亮地拿下谈判，你需要对自己的行为负责。同时认识到行为不同，结果可能天差地别。

学会并应用谈判的艺术不难，但你必须主动改变，并懂得灵活应对，这不是风格强硬或准备充分那么简单。从经过深思熟虑的条款中获得收益才是最重要的。你也要明白，上次谈判的表现并不代表下一次，与篮球赛或足球赛一样，每场谈判都独一无二。

因此，你要面对的第一项挑战就是自己。参与谈判的不是公司，而是活生生的人。我们都有价值观甚至偏见，都会感到压力，有自己的目标和判断，因此，我们学习的部分内容就是理解以下两点：为什么谈判中最大的挑战是自己？我们如何自然地以自己的视角看问题？

在销售和谈判中，一些看似简单的举动对于了解对方的想法和目标非常关键，比如开个前期沟通会、耐心应对、主动表达合作愿望等。切忌妄自推断，并把想法强加于对方。身为谈判高手，你得"钻进对方的脑袋"，用他们的视角观察局势，评估价值。要做好这些计划工作，你必须积极主动。

随堂案例

他的需求，正是你的提案

最近，一名客户经理在接受我们的服务，他负责向一家欧洲零售商供货。这位客户经理与零售商开了个会，演示了公司最新的投资战略，这个战略将带来更为丰厚的利润。具体来说，这家生产企业打算"投资"更多资金，为零售商增加货架，并加大促销力度。这份投资提案的财务数据相当详尽，提升销量和双方利润的计划也做得很完备。

可问题在于，这个提案纯粹是这家名牌生产企业一厢情愿的产物，瞄准的是自己的目标即卖出更多产品，而不是零售商关心的事情。他们单方面地认为零售商最关心的是提升利润，毕竟多年来客户关心的一直是这个。

然而，市场变化改变了客户的想法和竞争力评价指标。结

果这次演示被客户强制抵制，预期的后续谈判压根没机会展开。事实上，这家零售商早已决定减少供应商。他们关心的问题只有一个：市面上其他几家折扣零售商正在以惊人的速度抢占市场份额，供应商如何帮助自己与对手抗衡。

挑战 2　谈判没有规则

谈判没有规则。它没有既定的程序，没有规定哪些能做，哪些不能做。人们喜欢把谈判比作下象棋，但在大多数谈判中，你不一定非要打败对手，而且不必轮流出招。谈判虽没有绝对的规则，却有一定的权力限制。多数谈判者得到的授权，只允许他们在一定范围内操作，彻底授权会让我们因失去权力限制的保护而曝光过度，以致身处险境。

挑战 3　评估自己的表现

在谈判中，你不会知道自己做得究竟好不好。因为对方不可能告诉你有多出色，更不会提醒你怎么做会更好。表现得好坏不能单纯看"输赢"，还要看你把整体价值或盈利机会提升了多少。一些衡量标准或许有参考价值，比如以前的条款、客户或供应商的表现等。然而，如果每次谈判的情况都独一无二，你很难用客观的标准评判自己表现如何。

你谈到的每个议题、每个影响整体价值的因素都该考虑在内。衡量标准往往是相对的，你也可以根据大家对合同的认可程度作出判断。交易的预期价值能否完全实现，也是衡量标准之一。然而，即便你已经签订合同，预期价值的衡量标准依然难以确定。

因此，没有对方的反馈，我们就必须依靠上次谈判的成果或某些绝对标准（如损益表）来判断。我们要以谦逊的心态，认真面对以下问题：

◆ 换种做法，结果会怎样？

◆ 换个时机，结果会怎样？

◆ 多谈一些议题，会怎么样？

◆ 提议再周全些，会怎么样？
◆ 如果没那么快点头，会怎么样？

这类问题挑战的是我们对自己的坦白程度。你必须找到"成功交易"的评判标准，并考虑所有因素。情况不妙时，我们会因自尊心作祟而责怪外界环境；当我们自认表现不错的时候，它又会让我们沾沾自喜。

交易谈成之后，大多数人只想迅速执行合同，而不是回顾谈判中的表现，尽力避免发现不尽如人意之处。谈判结果不理想，但仍能接受的时候，很多人会为自己找借口：

◆ 这总比谈不成强；
◆ 单是知道年底之前能做完，就已经很值啦；
◆ 我们别无选择，所以只能接受这个条件，让谈判继续进行；
◆ 赶紧签约，以免夜长梦多；
◆ 现在不卖，日后肯定贬值；
◆ 我们挤掉了竞争对手。

衡量谈判效果的时候，如果你没有算上风险，或是没有计入为了让价格"好看"而作出的让步，你衡量的就不是整体价值，也就不能反映真实的谈判结果。

我们身处的经济环境在不断变化，供应商、消费者和竞争对手的情况也在不断改变，上周的优厚条件在这周看来可能已经不再诱人。谈判的好坏，要看协议的结果。因此，谈判要因时制宜。所谓"更好的"交易可能是非常简单的，它可能：

◆ 预见了可能发生的变化；
◆ 降低了风险，或缩短了绑定期限；
◆ 少交了订金，或是拿到了更高规格的产品。

这些都不是单凭"好价格"就能涵盖的。即便拿到"好价格",也还是要看总体成果,以及取得成果的方式,否则很难判定这桩交易的好坏。

了解了汽车的制造和行驶原理,但一路上有那么多障碍,你未必能熟练地开车上路。挑战就在于你要自信、会驾驶、会看路,必要时,还要根据情况作出正确的反应。因为,适合所有情况并确凿无疑的答案并不存在。商业谈判也是一样。我们常面对这样的问题:

◆ 与对手竞争还是合作?

◆ 操纵对方还是相互协作?

◆ 信任对方,还是努力赢得对方的信任?

◆ 你的决定会对双方的力量分配产生什么影响?

◆ 对于双方的力量分配和互赖程度,你的判断是否可靠?

许多情况下,以上问题的答案就是:看你的适应力。也就是你能否根据具体情况作出适当的反应。这需要你拥有客观、理性、平衡的心态。很少有人能保持这种心态,尤其当我们面对潜在的冲突、拒绝和要求时。但在谈判中,你得把一切都处理妥当。那么,"适应力"这个词有什么意义呢?

它关系到你的行为、时机、议程制定,还有你接触的人、提出的议案,以及谈判的每个阶段。比如与客户进行每年一次的提价谈判,12 月就不是恰当的时机,因为新的一年即将开始,或许 10 月份会更合适。但是,如果客户告诉你,他们要在 10 月份重新投标,挑选供应商,并邀你参加,那么,选在那时提价恐怕就不合适了。所以,你要具体情况具体分析,采取最恰当的做法。

谈判中这种追求"恰当"的心态,源自于你的动机和态度。而好好表现的动机则来自于实现机会和价值最大化的渴望。无论竞争还是合作,都需要管理好对方的感受、行为和立场。做到这一点有很多方法,因情况而异。

挑战 4 谈判中没有偶然

谈判的精要就是见机行事。意思是，你要留心谈判前、中、后发生的一切，因为谈判中没有偶然，事事皆有因。自控能力和处理人际关系的能力是谈判者必备的素质。可挑战在于，对于大多数人，这些素质并非与生俱来。谈判者需要锻炼自己的觉察力，既不失掉处理人际关系所必需的敏锐心思，也不轻易妥协，能够留住成就感，同时在谈判陷入僵局时自行纾解压力。

大师点题

　　这本《优势谈判实战训练手册》谈的全是你。我希望这本书能启发你，帮你成为全能型的谈判高手。你对其中的战术、策略、行为、流程和计划工具理解得越透彻，你的准备就越充分。到了最后，一切都要看你。因为主导谈判的是你，为自己的行为和结果负责的是你，需要管理人际关系、控制情绪、感受谈判气氛的也是你，能不能抓住机会还是要看你，而这些因素会对谈判结果产生巨大影响。

　　如果你有勇气、有信心、有动力作出改变，我会为你移去前路的障碍，与你分享令人惊叹的谈判奥秘，帮你成为创意连连的谈判高手。

第 2 章

谈判钟面模型

区分竞合，更要利用竞合创造优势

路虎揽胜车主找经销商保养车子，商家为了多赚60英镑，私自更换了机油，并赠与等额优惠券，结果是这位车主再也没有来过。

加拿大创业家麦克唐纳用一枚别针，经过14次以物易物谈判，换回一座房子，他是怎么做到的？

"谈判钟面模型"让我们直观地看到谈判的各种类型：从最铁腕的市场操纵，到高度合作。它可以帮我们根据具体情况，选出最恰当的做法。

　　我在 1996 年运作一个名为"世界级的谈判技巧"的商业项目时，首次提出了"谈判钟面模型"和配套使用的 14 种谈判制胜高招。我研读了诸多关于谈判理论和实务的典籍，它们皆由谈判大师、作家、咨询顾问创作，还包括当时我效力的多家公司。总的来说，我发现这些谈判专家们提出的方法都很单一，不是一味地追求压倒对手，就是在价值未被完全挖掘的情况下盲目追求双赢。

　　一家声誉极佳的学术机构大力推崇的理念是：在谈判中，双赢是理性又是可持续的做法，但如果没有其他替代方案，双赢也无法实现。还有一家咨询公司推行极有道德意义的合作伙伴论，同样，他们也有力地论证了这个方法正确且合理。

关键词

双赢（Win-Win）：在基于利益的谈判中，用低成本、高价值的交换条件，使谈判双方都能获得更多价值。

合作伙伴论（Partnership Approach）：谈判双方荣辱与共，共同投资、承担风险、分享潜在利益。

我认为两个方法都很有道理。随后我又参加了一个谈判的培训项目，它讲授如何应付压力型谈判。在这种谈判中，你需要面对尖锐的冲突，双方都在猜测彼此的力量，而且这种谈判非常依赖定位对手并控制其接受你的条件。这个方法虽然也可圈可点，但我仍然有些不解：因为这些方法的操作方案都很单一，好像谈判中存在一个通用的"最佳"做法，能够应付所有情况。

关键词

> 压力型谈判（Hard Bargaining）：指的是非赢即输的谈判，为了谋取短期利益，双方的态度咄咄逼人，采取强悍的策略，寻找对方的一切弱点。

无论是压力型谈判、双赢法则、合作伙伴论，还是竞拍/招标型谈判，每种模式都很有道理，可它们都太过强调时间、外界形势、双方谈判力量分配等因素，并认为这些因素在很大程度上决定了谈判者应该如何争取"最佳结果"。

关键词

> 竞拍/招标型谈判(Bidding and Tendering Process)：某一方控制谈判进程，运用市场压力制造竞争。于是，投标者之间的竞争确立了标的物的市场价值。

接下来的两年，我参加了美国和欧洲的十几个谈判培训项目，评估他们的做法与配套的理论。我阅读了 30 多本讲谈判的书，基本涵盖了从博弈论到排序策略所有的谈判问题。然后发现这些书籍所传授的谈判技巧要么十分简单，要么极其复杂，对人们进行谈判实战的帮助相当有限。

在竞争与合作的夹缝里闪转腾挪

为了透彻理解各种谈判方法，针对我们面临的一些独特挑战，我设计了一个"谈判钟面模型"，见图 2.1。

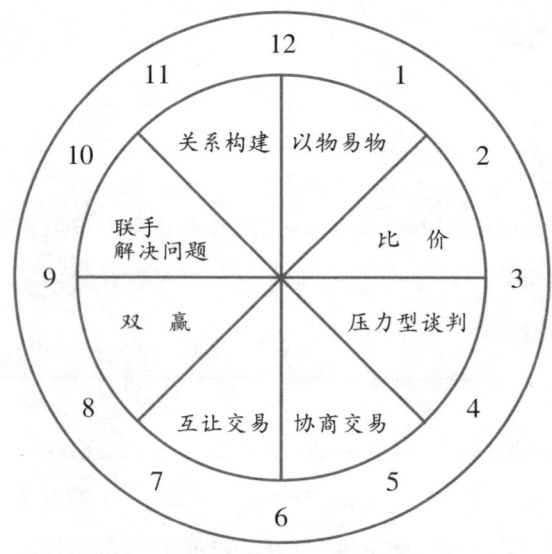

图 2.1 谈判钟面模型

钟面右半边涉及的都是竞争性很强的谈判，分配的价值有限。也就是说，这些类型的谈判注定比较艰难，一方得到多少，另一方就失去多少。因此，在这种谈判中，定位极其重要，而且对抗难以避免。蛋糕大小已经确定，就看双方怎么切。

钟面左半边的合作意味更浓一些，这些合作型谈判会创造更大的价值，大部分情况下人们会在 B2B 业务中提倡这种谈判。左半边的谈判涉及的议题更多，范围也更广，可以用来拟定和协商谈判条款。

但许多谈判的局势变幻莫测。在同一次会议中，谈判的状态会在几个区域间来回切换，所以这些定义只能用作参考。比如许多以合作为基础的谈判进行得都很顺畅，双方都提出想法和机会，协议的价值越来越大，也越来越有可能达成共识。在钟面上 8：00 的区域，有人提出用采购量换取账期，这个简单的条件交换能让双方都得到更多价值。但在交易接近尾声的时候，双方关注的重点就转移到"增加的价值"该如何分配上，两边都坚守立场，互不相让。

这种情况并不罕见。例如"我们增加 25% 的订货量，你们多给 2% 的折扣作为回报，我们接受这个条件。但如果交货期仍要 4 周，包装质量就得提高，否则免谈。"

要提高包装质量，又要求额外 2% 的折扣。除了允许对方维持原先的订货期，不要任何回报，而且一起被摆到桌面上的还有威胁。谈判气氛瞬间冷了下来，状态跳到钟面上 4：00 或 5：00 的区域，这意味着大家要切分价值。全能型谈判高手要看出局势变化，把交易引至适合当前状况的区域，至于如何引导，就取决于你认为重要的因素，如合作关系、交易的可持续性，或短期利益。

通过精心策划待谈事项与管理双方关系来创造价值，更有可能将谈判推向钟面左边的合作区域。合作需要双方存在共同目标、共同利益，或是相互依赖的关系，同时也需要适当的情境。无论你多么坚决主动，想通过谈判达成共识并创造更多价值机会，都必须经过双方同意。或者一方非常强悍，另一方除了合作，别无他法。精心策划和安排待谈事项，实现利益最大化，不一定要损害对方利益。双方都为自己的行为和决定负责，然而争取更好的条件时，一定不要受到自满情绪或追求公平心态的影响。因为无论你提出什么条件或提案，都会遭到对方的质疑甚至拒绝。

沉稳逐利，而不争强好胜

全能型谈判高手知道，只有掌握了这些必备的技巧、素质和态度，才能够娴熟地在"谈判钟面模型"的任何区域进行谈判。他们从容而理性，时刻注意自己的心态，不让自傲作怪；他们的关注点在于对方的利益，以及对方认为最重要的事情；他们在谈判中审时度势，随机应变，不被个人价值观影响判断；他们能够读懂形势，愿意花时间准备，深思熟虑，同时还能处理好人际关系，这让他们更自信。最重要的是，他们关注的是交易的潜在价值，而不是只想取胜。他们明白，好胜心只会引起摩擦，除非出于某种特殊目的，否则没有任何好处可言。

"谈判钟面模型"能帮助你区分行为是否恰当，它基于市场规律，反映人们在谈判时的各种行为。它能帮你清醒地认识目前谈判的状态，这有助于你管理恐惧情绪、掌控模棱两可的局面、抑制贪婪和傲气。商界是世上竞争最剧烈的领域，而"谈判钟面模型"会帮助你在这个领域抓住机会，创造价值。"恰当原则"能指导我们解读市场形势和人际关系，并作出适当的反应。

"谈判钟面模型"不像旅途中的方向选择问题，有对错之分，它只是列出谈判的若干状态。请牢记一点：它只是一个指南针，至于往哪个方向走、作什么决定、使用什么策略、得到什么结果，依然是你的责任。

3 要素明辨合作走向

即使对方十分想促成交易，傲气依然会令他们拒绝你开出的条件。当感到被操纵的时候，就算你开出最好的条件，大多数人也会离开谈判桌，拒绝再谈下去。出于自尊，他们往往不会让你得胜。

要素 1 力 量

如果觉得谈判不公平，对方有时甚至愿意多花点钱去别的地方买。这种行为虽然不够理性，但与我们打交道的是活生生的人，而他们的情绪往往连自己都难以控制，所以我们必须照顾到这一点，而且力量并未赋予你操纵他人的权利。理解谈判中的力量是一回事，懂得运用它去实现目标则是另一回事。

选择权、时间以及当前形势，会对双方的依赖程度产生极大影响。假设对方知道你没有其他选择，必须促成这桩交易，那你肯定处于弱势，如果他们不知道，那就无所谓了。除非你只会"待在自己的脑袋里"，认定自己手无寸铁。

假如对方也没有选择，并同样急需达成这桩交易，现在力量的天平倒向了哪边？时间在这次谈判中将起到什么作用？假如他们需要在 3 天内敲定交易，否则就会面临其他麻烦，这时即使没有其他选择，你依然可能占据上风，这当然还要取决于你怎样处理。

当时间和形势成为谈判的重要因素，谈判者的知识和掌握的信息就意味着力量。如果只了解自己的形势，而对对方一无所知，你就无法达成满意的谈判结果。了解对方，"钻进他们的脑袋，看穿他们的想法"，你必须这样做。

要素 2　信　任

达成共识需要相互配合，人们都愿意与自己了解并信任的人做生意。大多数经验丰富的谈判者，无论来自银行、石油公司或政府机构，都明白信任和理解的重要性。

一份双方都认可的议事日程会让你们拥有共同的关注点和意愿，也更可能达成共识。这会促进双方积极对话，增强合作意愿。由于大家都希望通过合作建立信任，创意也会层出不穷。

当然，不是所有谈判都需要建立信任。然而如果能在信任和尊重之间找到平衡点，构建合适的会谈气氛，你就容易谈成更有价值、持续性更强的交易。

可是，千万别把尊重和信任与招人喜欢弄混了。天生愿意招人喜欢的人更易妥协或无法坚守立场。原因很简单，他们认为坚持立场会冒犯对方。**高超的交际手段和管理紧张气氛的能力是谈判高手必备的素质。**

在商界中，不要指望一开始就能建立信任，这需要时间的积累。当双方需要相互依赖并维持这段关系时，信任就有了基础，可如果一方利用这种关系占了便宜，信任会很快消失，这种关系变得难以持续，建立在信任基础上的生意也将告吹。

📓 随堂案例

60 英镑可以买多少信任？

The Gap Partnership 的一位客户拥有两辆路虎揽胜。2009 年英国经济不景气的时候，他把这两辆车送到经销商处做保养。这家经销商的生意不大好，而且这种车型已经停止销售，许多客户都把车子送到更便宜的店里做保养。车子还回来的时候，客户发现店里擅自把汽车的机油换了，并收了费用，额外加的汽油也收了钱。

客户向经销商表达了不满，店里同意把额外收费转成礼券，下次保养可以抵用，可这位客户再也没回过这家店。经销商的这笔短期收益破坏了客户的信任，生意没法继续了。这笔 60 英镑的快钱代价可真不小！一年后，这位客户从另一家经销商处买了两辆新车，换掉了旧车。

要素 3　整体价值

讨论协议时，许多有价值的机会很容易被忽视，如未来订单、采购量、付款方式、交期、规格、长远合作协议、独家经销权、绩效奖励等。议题越多，整体价值提升的空间就越大，商谈的可能性也越大。

制订谈判计划时，你要考虑整体价值，包括各种风险。比如一家园艺卖场订了一批花园家具，他们一定非常关心送货时间、品质和包装情况。虽然谈了个很低的价格，可一旦交货错过季节，低价也就失去了意义。由于这种家具重量和体积都很大，退货成本也会非常高。这些都会影响总成本，所以也要计入整体价值。

📓 随堂案例

是你以为"赢"了，还是真的赢了？

谈判无处不在，它并不局限于商业领域。12 月第一个星期日的上午，我太太临时决定让我带全家去买圣诞树。我们得先去一趟附近的园艺店，把树拖上车运回家，然后挂上装饰品。可我本打算用这一天时间来写这本书，于是我与太太商量，可否换个时间去买树。我说现在离圣诞还早，我们有足够的时间准备，但这本书必须动笔，最后太太同意了。

我以为我"赢"了，可家里的气氛被破坏了。孩子们不肯理我，而且我以后得买一棵更贵的树。我开始怀疑这刚"赢"来的 3 个小时是否值得。我真的赢了吗？还是有更好的解决办法？我应不应该让孩子们参与讨论？可与孩子们谈判过的读者肯定知道这个任务有多难，他们有多么"顽固"。或者我应该以更灵活的态度面对家庭的需求，从太太那里换得更多时间和支持？

这件事让我想到，有创意的处理方式可能让双方都得到更满意的结果。每一位谈判者都该具备这样的健康心态：想个好办法，既满足对方的要求，又能得到自己想要的东西，往往还能得到更多意想不到的结果。

方法多样，目的却只有一个

资本主义和市场压力会操纵人们的行为。例如客户经理在与买方谈生意的时候，往往会有挫败感，因为他们认为买方的谈判力量更大。买卖双方往往会带着竞争心态，一分钱也不肯松口。因此砍价的时候买家会牢牢盯住价格，甚至为之放弃其他好处。客户经理也会焦急地列出一大堆条件，比如账期、订货量、质量、交货期等，希望提升产品价值，并让谈判趋向于合作共赢，但买家却不予理睬。

那么怎样做才正确？答案是：没有唯一正确的做法，要具体情况具体分析。因此，为了透彻地理解谈判，你首先要清楚各种谈判方式的区别，也就是掌握"谈判钟面模型"。上述例子中的情况当然也有办法解决，比如请上司帮忙、增加议题、提出交换条件，或引入最后期限。

如果你问别人最喜欢的谈判风格，许多谈判者都很乐意告诉你他们是怎么得到最棒的结果，最适合他们行业的方法是什么或者他们公司怎么做生意。极少有人会回答"这要看具体情况"。人们之所以喜欢合作型的谈判，人际关系往往是主因。有人认为谈判有最佳做法，这种观点往往导致谈判者只擅长一种类型的谈判，或只会熟练处理一种互动关系。而全能型谈判高手明白，谈判方法有许多种，他们能够见机行事，娴熟地采用最适合的方法。

我们必须透彻理解形势：资本主义的市场规律影响着价值的创造和分配方式。如果我们身处资本主义市场，与谈判对手的互赖关系会像潮水一样把我们推来推去。那么我们就需要一个参考点，帮助我们界定不同谈判情形，此时"谈判钟面模型"的作用就凸显出来了。

恰当做法的另一种解释就是要符合目的。如果你要买一辆二手车，那么压力型谈判的行为和技巧是否符合你的需求？答案仍然是：看具体情况。假如贷款政策、交货期、付款方式可以商讨，或许你可以不那么咄咄逼人，但如果价格是唯一因素，你和车商之间又没什么交情，以后也没什么合作机会，那拼命砍价就很符合你的目标。

跟随"时钟指针"，轻松搞定 8 大局势

"谈判钟面模型"让我们直观地看到谈判的各种类型：从最铁腕的市场操纵，到高度合作。顺时针方向看，每进入一个新区域，谈判就变得更复杂，机会也随之增多，合作的比例变得更重。这个模型可以帮我们根据具体情况，选出最恰当的做法。

因此，谈判钟面模型就像一个参考点，当你想清楚谈判目标，看清眼前形势，就会有意识地选出最恰当的做法。它不是行为规范，也不意味着谈判会定格在钟面的某个区域不再改变。谈判的类型会因进入不同阶段而转变，因此，"谈判钟面模型"并不是一种流程，告诉你谈判应该从哪里开始，然后按顺序进入下一个区域。它只是一个直观模型，让我们看到不同的、可用的谈判类型。

要掌控谈判，必须先看清形势。比如你认为良好的关系有利于长远利益，因此，想与一个合作很久的客户建立深度的信任和了解，然而这个客户拥有市场优势，谈判力量很大。他们对你施加压力，要你开出更优厚的条件。这种行为表明他们只看重短期利益，因此你们的关系很难更进一步。从本质上来说，你们之间只是纯粹的买卖关系。

那么，你是选择做 4：00 区域的强硬派，冒险牺牲部分长远利益，还是选择把谈判引到 9：00 区域，力求达成双赢？答案还是看具体情况。透彻理解各种影响谈判的因素之后，你就会有意识地作出选择：是应该主动改变关系的性质，还是改变会议的气氛，抑或双管齐下。

不同的钟面区域，需要的技能和态度也不同。总体来说，在左半边区域，双方的互赖程度更高，因此需要更多信任，围绕价值的待谈事项也更多。相反，右半边的交易性质更浓，信任程度较低，重要的谈判事项也比较少，这种谈判都是非赢即输的竞争型谈判。

1：00　以物易物

以物易物是用一样东西交换另一样东西，不一定涉及金钱。早在数千年前货币还没出现的时候，这种行为就已经存在，现如今有专门的网站做这种物品交换生意。2005 年，加拿大创业家凯尔·麦克唐纳（Kyle MacDonald）在网上用一枚曲别针开始物物交换，历经一年，14 次交换之后，他换到了一座房子。

说到讨价还价，如果你在埃及的市集上买过织毯，你就会知道砍价的过程可能很快，而且成交价会比最初的要价低很多。作为买家我们之所以觉得满意，是因为只花几英镑就买到的毯子而在国内要很贵，可我们忽视了把它运回去的一番折腾，甚至不在乎自己究竟需不需要它。中东的文化和习俗就是如此，当地人认为这种谈判很正常，与你讨价还价的时候他们很自在。

买卖双方确定某种物品的价值需要一个仪式和过程。实际上，当地人在谈生意之前都会坚持先相互了解，全家人都参与交易的情况很常见。

这是他们的交易方式：建立信任，了解对方的脾气秉性，当然还要盈利。比起西方文化，中东文化更加适应这种过程。

在供需双方构成的微型市场里，对方想卖多少钱，你想掏多少钱买，将直接决定成交价格。这里不需要处理人际关系、建立信任，甚至不需要互相尊重，因为这只是一个就价格达成共识的过程。在讨价还价的过程中，双方都努力装作相互尊重和信任。

然而，当谈判移到 3：00 ~ 4：00 区域时，信任仍不会太多，但双方会足够坦诚，不会再装了。这就是资本主义最原始的形态：在这个微型市场里，你想付出多少，我又想得到多少，除此之外其他因素都不重要。这种谈判形态原始却高效。我之所以把它放在 1：00 的位置，是因为它是最基础的谈判形式。在人类发明货币前，这是对实体价值进行谈判的唯一手段。

2：00 ~ 3：00　比　价

eBay 这样的网站开创了一个全新的行业，让商品或服务可以在世界范围内交换。尽管暮气沉沉的古董拍卖仍在进行，可它们的时代已经一去不复返了，取而代之的是商品范围更广泛的网上竞拍。如今，通过指定的拍卖商或 B2C 网站，你几乎可以在网上交易任何东西，甚至股票市场应用的也是竞拍原理：市场决定交易的价值。

尽管企业一直在寻找用最优条件购买无差别商品的新方式，但竞拍依然可行。虽然诸多供应商都愿意竞标，但网上比价仍有可能让你拿到最低的价格。

网上竞拍的方式的控制力之强，以至于私募基金也对购物网站 Swoopo 进行了投资。注册于德国慕尼黑的一家电子商务网站 2008 年推出 Swoopo，它提供非常便宜的商品让消费者竞拍，但消费者每次喊价都要先购买竞价权。由于竞拍者人数众多，为了买到想要的东西，消费者一般都会多买几次竞价权。

在这个网站上，每竞拍一次都要付钱，而它的用户数量超过 120 万。

不难想象，这种方式会促使先参与拍卖的人继续竞拍下去。由于参与竞拍需要付钱，参与者因此落入了经济学家所谓的**沉没成本误区**。

关键词

> 沉没成本误区（Sunk Cost Fallacy）：沉没成本指的是你已经花出去，而且要不回来的钱。有时人们会把它与预期成本作对比，后者指未来的可能花费，是可以改变的。

据说，Swoopo 出售竞价权的收入与卖出商品获得的利润一样多。也就是说，即便成交价很低，但只要竞拍次数够多，Swoopo 也将确保盈利，至少投资商这样认为。然而这种交易方式十分危险，它牢牢操控着人的行为，如果参与人数足够多，竞拍者的无力感会非常强烈。2011 年 3 月，这家公司在德国申请破产。

这种基本竞价方式的参与者需要相当自律，随时做好放手的准备。参与竞价的时候，如果你好胜心过强，那你需要承担极大的风险。

一个典型的例子就是 2000 年英国政府发放 3G 手机牌照时的竞拍。当时共发放了 4 个牌照，为了争取到其中一个，手机运营商最后支付了数倍于底价的钱。你可能以为，这些市值数十亿英镑的企业一定会应用销售预测和利润分析计算谈判底线。但另一种更为普遍的观点是，赢家只有 4 个，唯有竞拍成功才有在未来参与竞争的资格。因此这些公司的出价上限远高于当时的商业分析结果。最终的"赢家"付出了 225 亿英镑，这场竞价也拔得现代商业中同类拍卖的头筹。而直到 8 年后，3G 技术才得以普及，并创造利润。

商业招标就是对竞价的高效运用，它能从一批潜在供应商里选出最优惠的价格。地方政府经常用这种方法进行采购，发挥竞争压力的作用，让纳税人获得最大利益。然而如果这个项目看的是综合效果，比如修路，那么单凭价格，能达成共识的条款必定十分有限，协议的整体价值也将降低。但如果不招标，政府就容易沾上贿赂之嫌。许多企业会先采用招标方式，选出符合条件、可以进入最后商讨阶段的供应商，再进行后期谈判。这样一来，谈判就到了8∶00的"双赢"区域，双方可以寻找更强的协同增效办法。

4∶00　压力型谈判

在商业谈判中，纯粹的压力型谈判虽然不算好方法，但即便复杂如企业并购案，最后也常常进入4∶00区域。通常谈判到了这里，就只剩最后一项议题。在压力型谈判中，技巧、心态和自信缺一不可。

对于笃信公平的我们来说，压力型谈判是最大的挑战。它不公平，让人不舒服。它需要胆识，而且你会怀疑如此艰难的谈判过程能否得到满意的结果。你的第一条提议很可能遭到拒绝，如果对方没拒绝，那只能说明它不够"恰当"。而且对方会尽力试探你的底线，见图2.2。

当然，在压力型谈判中，代表自己和代表公司的感觉不同。即使不喜欢，你也必须了解它，以免处于弱势。谈判力量很强的对手会运用这种力量为己方谋利，不懂如何应对，你将付出的更大的代价。

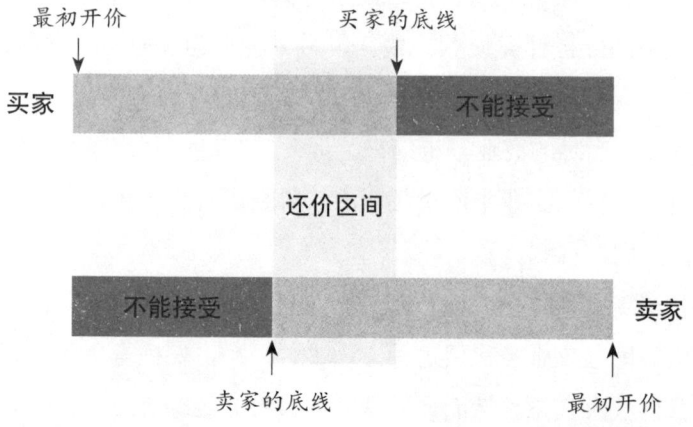

图2.2　压力型谈判的还价示意图

无论谈判属于何种类型，最重要的两条原则永远都是"提问题"和"提议案"。信息就是力量，在 4：00 区域，力量会影响还价区间，而这个区间极少被公开。如果卖方公布了价格底线，买方就不可能再多掏一分钱。

关键词

还价区间（Bargaining Range）：这是一个价格区间，一端是买方的价格上限，另一端是卖方的价格底线。

压力型谈判的艺术在于尽力找出对方的底线，也就是说，要"待在对方的脑袋里"谈判。一旦了解对方的利益所在、优先次序、时间压力和选择空间，你就更清楚可以给对方施加多大压力，开出什么条件。假设对方会为自己的利益负责，他们可能拒绝任何不能或不想接受的条件。这时提问会帮你获取更多信息，占据更加有利的位置。如果没有提问，那就要明确列出提案。另外，如果对方是压力型谈判的老手，一言不发，开出的条件也非常极端，那么你必须沉着冷静，耐心地重申立场。

谈判的开局阶段，你应该像放锚一样，设置一个"锚点"，让对方感到有必要重新调整期望值。这个"锚点"提议可以极端，但必须合理。如果太过极端，对方会拒绝谈下去。开局只是谈判的起点，在整个谈判过程中，你要设法控制对方的期望值。

关键词

锚点（Anchoring Position）：它是一种谈判的开局立场或定位，能像锚一样"锁住"对手的相关期望和策略，限制他们的思路。

谈判伊始，你要清楚自己的目标，而改变对方期望值的第一步就是提出一个对方虽然不会接受，却不至于愤然离席的条件。这种提议就相当于放下的锚，开始调整对方期望。你随后的一切举动，包括妥协退让，都与这个初始立场有关，因为如果想谈成条件，你必须作出让步。没错，他们肯定会表现出震惊，然后拒绝，所以你要习惯"不行"这个词。这是谈判流程可预见的一部分。然而，要是你冒犯了对方，比如开局条件过于荒唐，就算你拥有明显的优势，也会失去继续谈判甚至促成交易的机会。所以，压力型谈判的艺术还在于拿捏开局的尺度，在诸如价格之类的条件上态度强硬，却又很尊重对方。也就是说，你应该：

◆ 提出恰当的开局条件；

◆ 保持强硬姿态；

◆ 比起对方，做出更少的让步。

大多数情况下，率先开出条件的一方会占得先机。

为压力型谈判设置"锚点"，还有一种特别方法：在谈判初期，以陈述事实的方式阐明立场。在赢得心理优势方面，这种做法最有力度。当你们所谈的东西没有明确的价值指标、大家对它价位的看法也有别于市价时，率先开价能造成极强的"锚定效应"（Anchoring effect，当人们需要对某个事件作定量估测时，会将某些特定数值作为起始值，这个起始值会像锚一样制约估测值，人们会不自觉地依据起始值做出决策。——译者注）。

我把这种开局称作"主场优势"。在后续谈判中，当对方的还价受到这个"锚点"钳制时，它会给你帮个大忙。如果你一开始就离开主场，这相当于你必须竭力把对手从他们的主场拉走，那你最后谈成的条件多半更靠近对方的开价。当然，如果你手握明显优势，就更容易掌控局面。比方说，打牌的时候你抓到了 4 张 A，那你很容易展现出自信，如果你抓到的是一把小牌，效果就会截然不同。

确定中期或远期立场则更微妙，这可能需要数周、数月，甚至数年的时间。双方可能要沟通很多次，用不同的方式提出相同的提议。等到谈判者认为"锚点"创造了恰当的时机，谈判才会正式开始。

要顺利拿下压力型谈判，你需要发挥自制力，闭上嘴，仔细倾听。要知道，很多人在重压之下完全不会施展这些最基本的战术，即提问、提议、然后闭嘴。大多数人都愿意当性格温和、好打交道的人，遵守商业道德，希望与别人保持长久的业务关系，但这种招人喜欢的心理需求相当危险。当谈判局势逐渐紧张，这种心理需求容易让我们变得多嘴，最终作出不必要的妥协。熟练掌握压力型谈判的困难之处在于，要把个人需求放到一边，认识到你需要采取符合谈判目标的策略，并以强大的自制力去执行，甚至不介意要些花招。

5：00 ～ 6：00　协商交易

在这个区域内，执行合同的时机对一方多有利，对另一方就有多不利。一方为得到额外的利益会付出很大代价，而另一方若让出这份利益，也将付出巨大代价。在这类情况下，尽管每个条款都需要双方认可，或许还要进行条件交换，但它们未必会实现增值。当你面对这些不会令合同增值的条款，只需同意或拒绝的时候，一种做交易的气氛就形成了。为了保护你的立场和交易的价值，你必须深思熟虑，善用交换条件，还得态度强硬。

协商交易型谈判不像经典的双赢谈判，寻求低成本、高价值的增值交换。它往往由纯粹的条件交换和妥协组成。因为当交易面对时间压力，双方更倾向于尽快促成交易，而不是谋求增值交换，尽管二者并不冲突。

协商交易型谈判会同时涵盖数个议题，比起压力型谈判，它的风格更多样，尊重的成分更多，对话也更多。协商交易型谈判允许条件交换，如果对方答应你的某个条件，你就可以在其他条件上作出让步，从而促成交易。众所周知，在所有待谈事项中，价格谈判是最直接、最有争议的一项，因此，单谈这一项的时候，协商很容易再次演变成竞争。当谈判处于 5：00 ～ 6：00 区域时，一般会有 3 ～ 4 个议题，每一个都公开透明，尽管这些议题有待双方认同，共赢的机会却很少。

6：00 ~ 7：00　互让交易

在这个区域，合作首次出现。谈判双方都认识到，想要取得共同利益，就要在某种程度上展开合作。双方发掘的共同利益越多，创造价值的可能性就越大。这种谈判可能会以事先认同的议程为基础，涵盖很多议题，双方进行有条件的利益交换。

互让型谈判通常有不错的氛围，但大家仍有所戒备。例如："如果您今天下订单，我们保证在您指定的时间内交货。"这话听上去像是在主动顺应对方的需求，但情况很可能是，不管怎样你都会答应这个条件，或者是按期完成对你来说并不产生额外成本，又或者订单量很少，你可以随时交货。

重要的是，你主动提出了有条件的让步，给对方提供了价值。比如说你满足了对方最看重的时间要求，为对方创造了便利，让他们有了安全感。对方会因此十分满意，认为与你谈成了一桩"不错的交易"。

既然已经处在钟面的左半边，你就应该把重点放在"谈成交易"上。除非事事谈定，否则什么都没谈定。也就是说，某些有争议的事项可以暂时搁置。某个条款没谈定，并不意味着谈判陷入了僵局，你们只需重新检视其他条款，来解决这个问题。

那么，哪些谈判事项能在钟面左半边创造更多机会？从7：00区域顺时针往上看，绝大多数谈判都由6个基本因素组成：价格、支付条款、采购量、规格、交货期以及合同期限。你可能想到其他40条待谈事项，但其实大部分都是这6条的变形，或与它们有关联。

商界中，管理者会尽力创造力量不均衡的关系使一方更依赖另一方。一方把条件压得很低，态度强硬，另一方则要同意诸多关联事项。听起来很熟悉是吗？

对不少组织来说，互让交易是他们对谈判的默认定位。这并非理想情况，但谈判力量的不均衡意味着，如果没有做好长远规划，没能降低对对方的依赖程度，互让交易或许是最好的选择。

这种感觉让人沮丧，而沮丧情绪也是你要面对的一项挑战，但谈判高手的特质就是懂得调整心态，克服沮丧。他们知道，对方极少会同意你首次提出的条件。

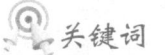关键词

> 互让交易(Concession Trading)：较为弱势的一方为了谈成交易，愿意作出让步和妥协。

8：00　双　赢

从字面意思看，双赢意味着双方都会在谈判中取胜。这是一个理性的过程：以共赢的思路谋求低成本、高价值的交易，以求提升总体价值。20 世纪 80 年代，两位作者尤里（Ury）和费希尔（Fisher）在《谈判力》（*Getting to Yes*）一书中首次提出了这种说法。

双赢的前提是，如果对方开出条件的价值超过他们的预期，而你也能从中获得额外收益，你就很可能接受这个条件。如果你的目标在于创造价值，那很难说这个理论不对，见图 2.3。但正如两位作者在后来的著作《理性之外的谈判》（*Beyond Reason*）中提出的，达成共识的过程中情绪会发挥重要作用，因为人类并不总是理智的。

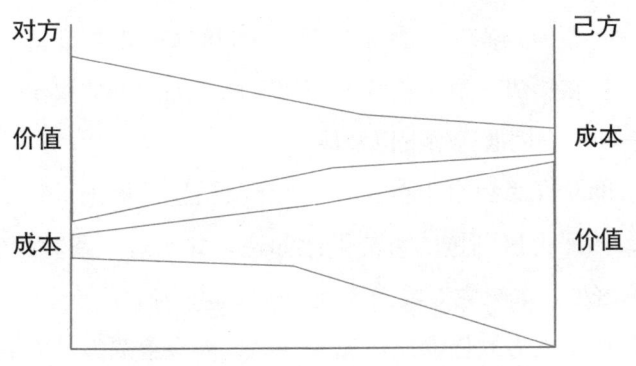

图2.3　低成本高价值的双赢交易

后来，尤里和费希尔参与的哈佛谈判项目进一步证实，谈判其实是一个创造价值、分配价值的过程。因此，尽管双方愿意合作，通过低成本高价值的交易来创造价值，但分配这些联手创造的额外价值时，双方仍会尽力为自己争取利益。

理论上讲，由于双赢建立在协作的基础上，所以谈判中的冲突更少，结果对双方也更有利，但双方依然有责任保证己方利益最大化。额外创造的价值绝少能平均分配，因为大多数与谈判条款相关的价值都不透明，所以谈判很容易迅速转变成价值应该如何分配的艰难讨论。这就好比谈判始于 8∶00 区域，最终却在 4∶00 区域收尾。这种现象无所谓好坏，只反映客观事实。

双赢谈判让我们有机会用创新的眼光看待条件交换。双方可以提出诸如协议期限、双方风险等议题，往往还包括便利性和灵活性等无形因素，这些条款的价值由双方共同创造。同样，如果你为某些特定条款赋予价值时颇有保留，那么对方也不会愿意提出可行方案。

从 8∶00 区域顺时针往上看，为了获得帮助，你可以与对方共享一些信息。当然，比起单纯的互让交易，双赢交易需要更多信任。而信任需要培养，当双方力量接近，或是优势方真心想谈成协议时，信任就更容易产生。

9∶00 ~ 10∶00　联手解决问题

身为全能型谈判高手，当你为 10∶00 区域的谈判准备方案时，你的焦点应该放在谈成一份可持续的、涵盖所有问题的协议上，这份协议包括绩效表现、合同履行情况以及风险。

你要借助双赢谈判的核心，即"整体价值"的概念，建立更牢固的互赖关系，拓展价值创造的可能。比如说，如果这一条对我们有好处，那对你也有好处；如果它对我们不利，对你也不利。

所以，把注意力的焦点放在那些合同期内会给双方带来麻烦的问题上就显得尤为重要。多花点时间，仔细研究你和对方愿意承担多少风险和责任，然后商谈协议，明确责任和风险补偿办法。

如果双方的关系较为牢固，在某些情况下，契约方面的小问题反而有助于达成共识，提升合同价值。为了解决问题而重新讨论某些条款，双方相当于有了重新评估形势的机会，可以用全新的视角审视这份协议，重新讨论风险问题、分配整体价值。

绝大多数合同都会涉及风险控制的问题，但相关条款也能起到激励作用。例如，如期完成阶段性工作就会有奖金，万一没按要求送货，双方要共同承担后果等。

随堂案例

"胡萝卜"政策卖房更高效

格雷厄姆要把伦敦的房产卖掉，他找了当地一家地产中介，中介费是销售额的 2%。虽然现在是买方市场，但格雷厄姆出于个人原因必须把房子卖掉。中介调查后提出建议，如果想快点出手，价格应该定在 150 万英镑。

格雷厄姆担心如果拖得太久，对自己的财务状况会很不利，房子需要在 3 个月之内卖掉。身为谈判专家，他本打算把 2%的中介费往下砍砍，可随即他意识到与中介合作实际上对自己有利，于是他与中介公司的经理经过商谈提出了几项议案。之所以与经理直接谈，是因为他要确保提议由决策人直接答复。他同意 2%的佣金，而且如果房子能在 3 个月之内以高于 150万英镑的价格卖掉，中介公司还可以从超额部分中提成 20%。

格雷厄姆的"胡萝卜"政策（来源于一则古老的故事：要使驴子前进就在它前面放一个胡萝卜。指运用奖励手段以诱发你要求的行为。——译者注）诱使中介公司把房子的定价标到了 175 万英镑，并且在 3 个月内以 170 万英镑的价格卖出。格雷厄姆多拿到了 16 万英镑，这远远超过压低佣金省下的钱。而且如果压低佣金，中介公司服务起来也不情愿。

10：00 ～ 12：00　关系构建

在商场上，合作关系的价值不容忽视。它往往意味着合约商谈的最佳状态，交易双方互相依赖，通力合作。双方清楚互相帮助可以提升效率、实现协同效应并节省成本。但这只是一种"理想状态"，多数情况下很难实现或维持，原因是时刻变化的绩效表现与市场情况会导致外界形势的不断变化。这些变化有时会被纳入协议，有时则会让某一方面临险境。

在 10：00 ～ 12：00 这个区域，风险因素应该在协议的最初就被考虑进去。然而，如果某个变化可能影响双方的交易关系，而其中一方会受到这个变化的伤害，双方很可能重新评估交易条款，甚至重新商定某些条件。互赖意味着变化的影响会作用于谈判双方。

如果谈判落在 10：00 以上的区域，在设计谈判议程、明确待谈事项时，应当充分考虑信息透明度、建设性意见以及共赢可能性等问题。从本质上说，议程涵盖的范围越广，谈成一份优质协议的可能性就越大。

你要仔细考虑以下因素：合同期限、风险、可持续性、信息、资源等。你们可能会想出兼顾双方利益、合同的灵活性以及潜在机会的全新条款。但这种理想状态需要双方相互理解，有耐心，并且认同长远的合作协议会降低风险，但可能以牺牲短期利益为代价。如果双方都愿意这样做，那合作伙伴关系就相当恰当。合作关系能否实现，很大程度上取决于情势变化以及双方的目标。

重回 0：00

专栏作家蒂姆·哈福德（Tim Harford）在他的著作《卧底经济学》（*The Undercover Economist*）一书中解释了一杯咖啡成本和价值的变化：为什么匆匆赶路的上班族愿意在火车站或机场买一杯高价咖啡？为什么供需原理会偏爱店面位置好的咖啡店？尽管赶着上班的你是这家店的常客，并因此爱上了某个牌子的咖啡，但你和咖啡店之间并不是合作关系。事实上，供需关系造成了你们之间的力量差异，优势坚定地站在了咖啡店一边，他们在战略上已经占据了有利位置，你不可能在大庭广众之下与店家砍价。同时，推出优惠卡的咖啡店也向老客户提出了具有吸引力的提案：回头客可以打折、积分奖励、咖啡加量等。纯粹的交易和低成本高价值的刺激手段把我们从 12：00 区域拉回了起始的以物易物区域。

双方紧密合作的"黏合剂"

合作关系促成了不少商业协议，也为其披上了不可或缺的美丽外衣，然而外衣之下并不美好。某些企业是如此笃信合作的价值，以至于他们在公司上下大力宣传和贯彻这种价值观和伦理观。

伦理上的合作关系有种正义的味道。极少有公司肯公开承认自己准备榨干顾客或供应商。人们也需要他们明确宣称要实现股东利益的最大化。可是，要达到这个目标，总得有人付出代价，而且组织规模越大，拥有的谈判筹码就越多。

我并不是说合作关系不存在，但我在商界打拼数十年，极少看到定义里说的理想又深刻的合作关系。成型的合作关系包括各类联盟、家庭、社团、协会，还有更多建立在共同利益、价值观和投资动机上的合作实体。从其本性上看，两家或多家公司合作，必定遭遇挑战，因为他们一定会考虑各自的利益，我们要多加留心。

要通过合作关系来创造价值，双方需要相互依赖，同时运用自然的经济压力和竞争压力，确保双方持续投资这段关系，而不是醉心于短期利益。事先想清楚你与谁是竞争关系，与谁的关系值得投资，你就可以选出恰当的钟面区域，进行谈判。

当合作关系具有战略意义时，这段关系才真正见效。比如说，如果关系出现问题，双方的利益很容易受到损害，或者是时间和精力上的付出能为双方带来协同增效的明显好处。

有了信任，合作会更顺畅，但建立信任需要时间，也需要互相依赖充当"黏合剂"。关系一旦培养起来，也会产生弊端，比如失去戒心，过于亲密随意，滋生自满情绪等。为了使合作关系持续下去，需要通过一些手段进行"监管"，比如量化、考评以及相互扶持，这应当在谈判初期就体现出来。对于一份稳固、长远的协议，这些非常关键。

商业合作关系往往产生于同一利益阵营的企业之间。但现实情况是，你的企业多半更看重短期绩效。你要背负来自股东的压力，承担做出优秀绩效的义务，面对每周、每月、每季度更新的信息，给出利润和投资回报率。这些因素都会让你更关注短期收益。

你的客户或供应商告诉你，他们准备取消合同、精简品种、减少订量。一度安全的订单和无穷无尽的需求停止了，问题也随之产生。在慌乱和困惑中，你问自己：

◆ 他们为什么不与我们沟通？

◆ 我怎么没预料到这种事情？

◆ 我是不是应该在这段关系中投入更多？

你认为一切晚矣，发觉自己处于明显的弱势，尽管对方可能只是装装样子。你匆忙地采取行动，想挽留一度认为安全的东西。你突然发觉，所谓的合作关系，不过是对方为得到更多让步而奉上的手段。在商业的现实里，你迷失了方向："当初我为何会觉得这是个好主意呢？"

或许这并不是你在 12：00 区域进行谈判的初衷，但大量合作关系都在某种程度上自毁前程。在真实世界中，总有一方会占据主导地位，婚姻也是如此，夫妻之间的力量平衡会发生变化，影响不同问题的决策。想想看，有多少婚姻没能坚持 5 年。

在前往世界各地拜访客户的旅途中，我总是得费劲地挤过机场大厅。很多机场的规模实在太大，以至于从候机室走到登机口都要半个小时，好在写着步行时间的标牌和自动步道减轻了成千上万旅客的负担。我不止一次观察到一个有趣的现象：当人们踏上自动步道，走路的速度就慢了下来，有时干脆站住不走。

向前滑行的步道让人觉得不用花力气也能往前动，因此不必走得那么辛苦。力气省了，效果一样，但他们的生产力降低了，因为他们在依赖步道带着自己向前走，而且没有考虑身后等待的人。伙伴关系一旦形成，效果就与自动步道差不多。它会助长人的自满心理，变得"倚熟卖熟"，对业务造成不利影响，最终导致关系破裂。但是这种伙伴关系本该有助于提高生产力。

商业中的合作关系需要努力争取，带来的收益也应该高出成本。从谈判的视角来看，一旦建立合作关系，无论是正式还是非正式的，关系和由此产生的增值就应当成为关注的重点。

如果想在 B2B 领域建立合作关系，你需要明确动机，了解双方的依赖程度和时间规划，摸清利益相关者的态度。唯有双方存在共同利益的时候，协同效应才有可能发挥作用，这一点每个人都应该清楚。然后大家才有动机投入时间和精力，作出灵活的调整，把关系建立起来。

大师点题

　　爱与恨是两种非常接近又截然相反的情感。"谈判钟面模型"上的12：00和1：00区域也是一样。全能型谈判高手的挑战在于把关注重点放在交易价值上，而不是自己身上。

　　如果你肯付出耐心，愿意提问、倾听、尊重对手，那么信息不仅能赋予你力量，对方还会响应你的尊重，愿意与你做生意。恰当地引导自己的情绪，你就可以主动控制谈判在钟面上的位置，而不是成为时间和形势的牺牲品。

第 **3** 章

谈判力法则

POWER 是力量，也是优势

奔驰汽车在英国的需求猛增，公司一方面大力营销，一方面却严控供应量，使得客户付款半年后才能提车。

谈判方掌握的信息越多，就拥有越多的谈判优势，也就有可能获得更多的利润。

历史经验告诉我们，手握力量的人
总会找机会使用它。

别人认为你有多大力量，你就有多大力量，但如果你不知道他们这
样认为，你的力量就会受限。力量可以是真实的存在，也可能只是人的
感知。它可能客观，也可能主观，这取决于人们怎样看待，尽管对方不
见得必须依赖你。

力量会转移，可以被借助时机和情势创造，可以培育关系，也可用
于操控对手，令自己得益。因此，全能型谈判高手必须深刻地理解它。

弱方可不一定是待宰的羔羊

为何力量在谈判中如此重要？简单地说，它让你有选择，如果深刻
地理解了它，你就可以掌控谈判落在钟面上的位置。

掌控力量的天平。如果你控制了谈判力量的分配，你对整
个谈判流程就有更大的控制余地，最终让谈判对自己有利。

动用力量，影响谈判的氛围、风格、策略和可能性。这意
味着你有机会根据自己的目标选择谈判类型，决定与对手竞争
还是合作。

我要列出一个分析框架，以各种谈判事项以及形势变化为依据，帮你客观地判断力量的天平究竟向哪一方倾斜，而不是凭主观臆测，尽管人们常常这么做。如果想成为全能型谈判高手，你一定要掌握这种能力。

掌控力量的天平

历史经验告诉我们，手握力量的人总会找机会使用它。因此，透彻理解力量的平衡状况、清楚谈判将发生在哪个区域、作好相应的准备，都对谈判至关重要。双方关系会直接影响你把谈判带向钟面的哪个区域。

在衡量力量分配时，特别重要的一点就是谈判双方的信息量。信息的透明程度会直接影响双方力量的分配，以及后续的谈判风格。这并不代表弱势的一方就像待宰的羔羊，会被对手强迫降价。而是更有力量的一方往往会利用形势，为自己争取其他形式的价值，比如忠诚度、独家经销权、更大的灵活性等。谈判在钟面上的位置将决定上述所有可能性以及谈判的整体价值。因此，如果我们想从谈判中得到最大收益，就要认真审视力量。了解自己的力量并不是为了取胜或打倒对方，而是为了从谈判中争取最大利益。

当某一方的力量明显偏强的时候，谈判很可能变成**价值分配**。也就是说，一方得到多少，另一方就失去多少。这种非赢即输的谈判模式属于钟面的右半边。你可以任由这种状况出现，也可以主动出击，把谈判带往其他区域。有些人会任凭自己变成时势的牺牲者，并把糟糕的谈判结果归咎于力量的不均衡。但有些人却能够看清形势，控制局面，尽管某些因素削弱了自己的力量，比如对对方的依赖。

关键词

价值分配（Value Distribution）：当价值总量有限，谈判目的就是确定双方如何分配。与此相对的是价值创造，双方通过低成本、高价值的交易创造更多价值。

了解约束力量的因素

积极主动换来的结果值得你为之付出时间和精力。然而，谈判前搞清楚有哪些强制性的限制因素和变量也至关重要，比如竞拍。参加过竞拍大战的人都尝过束缚感和无力感的滋味。整个过程已经被组织方预先限定，你不知道对手是谁，没有讨价还价的余地。一旦竞拍开始，你的力量就被全部剥夺，只能遵守流程。竞拍的规则就是为了确保力量的强弱只能由竞争性的市场压力决定。拍卖师把利益和竞争引入竞拍过程，利益越大，竞争越激烈，他们的力量就越强。此时，人际关系不再重要。想在竞拍中拿到最好的条件，无异于戴着手铐谈判。

> **关键词**
>
> 竞拍（Bidding Process）：拍卖师设定竞拍流程，主导沟通。竞拍牵涉叫价的时机、拍卖持续的时间、限定最低出价或最低增幅以及保证流程顺利进行的其他条件。

事先了解市场状况、对方的选择以及变化可能引起的后果，会帮助你评估谈判中的力量形势。你的谈判对手可能代表个人，也可能代表公司，你应该了解对方所处的情势，当然还有他们的个性。历史经验证明，在力量完全偏向一方的极端情况下，绝对的权力将导致彻底的腐败。出于天性，当手握重权的人面对极大的诱惑时，会用尽手中权力。

谈判桌前，个人可能与公司面对不同的压力和问题，理解这一点至关重要。同时，对谈判力量的透彻理解与你在谈判桌上的表现一样重要。你必须看穿对方公司的意图，并了解其谈判代表，因为与你谈判的是人，不是公司。许多公司有自主品牌、市场份额、资本、经营政策和等级制度。然而，公司无论大小，都要有谈判代表，因为谈判需要由人来执行。

谈判中，大多数人都肩负着某种责任，他们有义务拿到"最优条件"，这意味着要应用灵活条件和创意解决分歧。他们要应对时间压力，要完成任务，还要为自己的行为负责。对方面临的形势与你相差无几，一定有某种动力驱使他们参加谈判。因此，下回他们再表示对你的提案不感兴趣或不同意某个条款的时候，你就这样问问自己："那他们干吗还坐在这？""钻进对方的脑袋"，其精要就在于理解对方面临的形势：

◆ 他们有哪些选择？
◆ 他们面临怎样的时间压力？
◆ 快速谈成协议对他们有什么好处？
◆ 除了价格，哪些因素对他们最有价值？

记住，信息就是力量，而力量是获取更高价值的保障。

谈判桌上的"供求平衡法则"

影响谈判落在哪个钟面区域的重要因素包括依赖程度、品牌与规模、历史经验、竞争对手与市场状况、时间、合同性质及人际关系。

依赖程度

谈判双方的依赖程度将直接影响双方的力量均衡，经济学将其解释为供需关系。

◆ 供大于求，买方的力量就更大；
◆ 供不应求，卖方的力量就更大。

在商品市场里，这条基本的经济规律决定了大量物品的价格，从钻石、汽车到香蕉、苹果，也决定了公司的股价。供需关系是谈判中有力的限定因素，它直接影响双方的选择和依赖程度。

总体说来，手握力量的一方不仅会充分利用它，往往还会想办法增

强它。通过控制供需关系创造力量，能够极为有效地巩固你在谈判中的地位。比如说，石油工业数年来一直控制着产量，每周只出产几百万桶，这直接影响了汽油价格。

当力量的天平明显向某一方倾斜时，这一方就可以主导谈判。依赖程度失衡会导致谈判落到钟面具有竞争意义的右侧区域。

关键词

> 依赖程度失衡（Dependency Imbalance）：一方对另一方的依赖程度更高，导致其失去谈判力量。

在 B2B 市场上，绝对的依赖导致绝对的力量，这会滋生腐败，令业务状况变糟。因此，政府会出台竞争和垄断法案，监管操纵非竞争市场的极端案例。谈判前拟定替代方案、创造更多选择，这将有效降低你对对方的依赖，削弱对方的力量。

因此，预先制定"最优备选方案"（Best Alternative to Negotiated Agreement，简称 BATNA）是谈判准备阶段一个极为重要的任务。这是因为，如果对方发现你对他们的依赖程度相当高，你将处于非常弱势的地位。

随堂案例

奔驰经销商的"如意算盘"

20 世纪 90 年代的市场繁荣期，梅赛德斯公司花费了数百万欧元推广他们最新的 C 系列和 E 系列车型。消费者对这些高品质汽车的需求很高，这是因为税率调整后，英国人摆脱了公司配车补贴的限制，终于有机会选择自己喜欢的车子。

梅赛德斯公司还创造性地推出了新的贷款计划，让此前受到公司配车政策与租车合约限制，只能开福特或沃克斯豪尔的消费者都有能力购买。公司控制了英国市场的汽车投放总量和经销商的提货量。

不少车型的等候期超过半年。你已经许诺购买一辆 E 系列，并说服伴侣，有了银行新颖又方便的贷款计划，你们有能力支付购车款。现在你准备和经销商谈判，买一辆半年以上才能到手的车子。需求大过了供给，经销商处于优势地位，因此你不可能压价。

同时，英国市场对高品质汽车的需求也逐步扩大，宾利、阿斯顿马丁、法拉利等豪车有时要轮候两年才能提货，经销商不得不压款预订这些自己并不想要的车子。供大于求时，你需要先"领号"，再提货。

制定替代方案

如果你想买台笔记本电脑，而且要戴尔的，这个决定已经限制了你的选择。你应该多设计一些方案，并确保谈判对手知道你还有其他选择。你想买戴尔，或许是因为它可靠、总价合算，或者有额外优惠。然而，如果你也可以接受东芝、IBM、三星等其他品牌配置相似的产品，你的谈判力量就会增强，更有可能买到合算的电脑。

身为全能型谈判高手，你应该预留时间，规划选择，占据主动地位。有了替代方案，你就可以更有效地管理力量的平衡问题。

对于只管理一个客户的客户经理，他们的难题就是客户深知自己的重要性。例如某些大客户清楚，他们需要整支团队来为自己服务。那么在这种情况下，力量的天平倒向哪一边，就取决于另外的因素了。现在我只会告诉你，这种情况下的力量分配并不像表面上那么一边倒。

品牌与规模

假设你要销售一种著名的品牌饮料。你知道，你的产品肯定比任何零售商的自有品牌或知名度稍低的品牌卖得好，即使利润较低，零售商也能接受，因为该品牌的营销投入很大，销量会比较高。但零售商也可能同时出售价格低、利润高的自有品牌，用这种综合销售的方式确保自己的总体利润。

厂家会投入巨资打造品牌。为了推广品牌，有些厂商甚至会在一定时期内以零利润或者是亏本的价格向零售商或分销商提供商品。这样做的目的是把产品进一步推向市场，创造需求，提升品牌知名度，抢占市场份额。从长远来看，品牌力量以及从强大品牌上获得的谈判价值要大于营销费用。

某些情况下，零售商愿意备些库存，这是为了让顾客确信自己的产品线很可靠，也可以提升竞争力。因此，尽管利润低，他们也愿意卖名牌。现在就产生了两股相反的力量：品牌已经建立，由于零售商需要这些产品，厂商在谈判中就有了力量和优势；这个品牌也需要出货，以维持市场份额，这又削弱了厂商的力量。

那么，是谁在依赖谁？原因又是什么？零售商会考虑名牌的可靠性、高质量和较高的客户忠诚度，也会客观地衡量双方的力量分配以追求最高利润。

品牌的力量

在商业关系中，拥有力量的一方一定会加以使用。掌握力量的个人或公司会用它争取利益。世情如此，无所谓好坏。公司在品牌或创新上投入资金，提高市场地位，因此获得力量。他们甚至会挤垮竞争对手，并购失败者的公司或品牌，巩固自己的力量。

对品牌的投资令该品牌拥有了"客观的力量"，作为回报，公司在以后的谈判中可以获得优惠条款。各行业的商家都关注品牌可信度，银行、建筑公司、汽车厂商甚至街头巷尾的肉铺都是如此。他们知道，品牌的差异化和由此产生的忠诚度会影响消费者的决策，而商家正是从这一过程中获得力量。诸如微软、可口可乐、劳力士、苹果等数十个超级公司已经从品牌中获得了巨大的谈判优势。

随堂案例

品牌的力量不容忽视

一家美国的珠宝连锁店在全球市场上占据较大的份额，它决定与供应商进行谈判，延长账期。面对没名气的小型珠宝供应商，连锁店的力量和优势很大，谈判落在了十分强势的 4：00 区域，也就是压力型谈判。

然而和名牌手表厂商谈判的时候，双方的力量更加均衡，因此谈判落在钟面左半边的"合作区"。在某个提案中，谈判进入了 11：00 区域，双方讨论了新的合作条款，比如组建海外合资企业来扩大市场，独家代理新产品线等。

此处你要记住，尽管品牌的力量如此强大，但你的谈判对象依然是人。他们的压力、目标、可行方案和优先程度往往与他们代表的品牌极为不同。对于这些谈判者来说，压力最为真实。力量越是均衡，谈判就越容易走向钟面左侧的"合作区"。

历史经验

过往的做法也会影响人的谈判立场，他们会借此把自己的立场变得更合情合理，"上次我们谈的条件是采购金额超过 300 万英镑就能打 85 折，所以，这回我们就从 85 折谈起吧。"

你可以参照目前的条款制定"锚点"。除非谈判中存在清晰的、双方都认可的理由，否则大多数人都会提出，应该拿以前谈定的条件作参考。或许你有足够的谈判优势，可以完全不顾以前的条件，因为"此一时彼一时"；或许你为谈判引入了极大的变化因素，让人没法把以前的条件与现在的情况相提并论。

历史经验会影响期望。许多组织都会利用这个道理不断地进行产品创新，或是改变服务的本质，正是为了不让别人拿过去与现在作对比。很多人是这样做的：

◆ 换掉业务负责人；

◆ 改变传统做法；

◆ 调整产品或服务项目。

这些都是常见做法，组织会借此确保竞争力。

历史协议可以作为"锚点"，但当情况发生变化，比如客户经理或服务团队的更换，公司并购了某个竞争对手，管理人员的变动，此时目标和动机就会迅速改变，公司就有了修改旧协议的机会。很多组织会定期轮换采购负责人，就是为了确保以前的条款不会影响到现在的状况。

在其他案例中，比如企业的银行业务，企业和银行花了很多年建立合作关系，双方同舟共济，这种关系就蕴含了极高的价值，对日后的合作也很有利。以上两种结果尽管截然不同，但讲述的都是如何运用历史经验影响当前状况。

竞争对手与市场状况

2007 年 8 月爆发的次贷危机，使欧美大多数行业经历了始料未及的动荡局面。商业地产价格暴跌，利润受损而且其商业价值也有所贬值。高负债的公司摇摇欲坠，甚至手里捏着一大沓订单的公司也感受到了威胁。涉及风险的市场遭到质疑，现金称王，商品和石油价格飙至新高，银行业也出现剧烈动荡。那几个月内，长期合同很难谈成，风险规避成了生死攸关的大事。所有预测都受到了考验，许多合同要重新谈判，谈判气氛和风格也与之前大相径庭。

变化引发了不确定性，人们原本打算作出的承诺和愿意承担的风险都因此改变。换言之，稳定性成为了长期承诺的基础。在这个高速发展的时代，变化在每场谈判中都扮演着重要角色，它体现在谈判内容、合同期限及哪一方更容易受到不可控变化的影响上。

变化影响风险和价值，也影响着谈判力量。客户会受竞争对手的创新营销策略影响，并将其列入备选方案。当对手竞争力很强时，客户的谈判力量就会变大。比如某厂商推出了最新的高端等离子电视，60 英寸 3D 高清，吸引了目标市场上 10% 的客户，这会对其他电视厂商的销售造成直接影响。相应地，这家厂商面对批发商和消费者时，手里的力量和谈判表现也会随之改变。

随堂案例

不可控因素可能让度假泡汤

一个住在意大利的学生打算第二年去美国度假，而旅行社需要预订行程。汇率和油价不断变动，意大利政府对长途飞行征收的环保税也有可能增加。但是旅行社的销售人员必须预估报价。根据预订合同，旅行社有权在价格浮动特别大的情况下加收一定费用。

如果上述 3 项因素都发生了变化，导致加收的旅费大幅增长，学生负担不起，这该怎么办？学生的利益会得到怎样的保护，承担的风险又是多少？旅行社在制定报价的时候，考虑了多少风险因素？他们又会如何规避风险，保护自己的利益？

就连预订旅游行程这么简单的交易，都能让我们体会变化带来的风险。可见一些变化无法控制，却能影响交易的总成本。

时间与节奏

谈判中，时间和形势是最强有力的杠杆。如果一方想迅速脱手某样东西，无论出于什么原因，在时间压力和较少的选择之下，他们更容易让步。如果你擅长看穿对方的想法，知道他们承受着时间压力，你就有了更大的力量。这个力量该如何使用，取决于你的目标、双方关系以及交易的整体价值。

时间和形势总是在变，因此，事物的价值也在不断变化。在交易中，永远不要想当然地判定某个待谈事项的价值或重要程度。

身为谈判者，你要不断地试探对方的兴趣点和优先次序。对于面临时间压力的公司，无论是做决策、下订单还是谈成交易，他们都会在时间压力下做任何必需的事情。对你而言，了解对方的压力是判断双方力量差异最直接的办法，然而今天对方迫于时间压力愿意多付点钱，但下周情况可能就变了。因此如果你拖得太久，而对方面临的形势有所改善，你很可能失去力量。

某些情况下，如果你主动安排谈判顺序，时间和形势就会为你创造力量。如果你要和好几个顾客或供应商谈判，如何安排谈判的顺序，并把结果告诉还没与你谈的人，都会影响到对方的心理预期、行为和力量。

在作家戴维·拉克斯（David Lax）和詹姆斯·西贝尼厄斯（James Sebenius）合著的《三维谈判》（*3D Negotiation*）中提到了谈判中容易被忽视的"第三维度"，也就是对事件顺序的安排，它会影响谈判者的力量。人们通常仅把谈判拆分为策略和行为，但"第三维度"概念的引入告诉我们，主动安排事件顺序，就可以借助时间和形势控制对方的依赖程度，从而获得力量。

随堂案例

时移世易，挖角成功

有支采购团队非常想从竞争对手那里把一名出色的买手挖角过来，于是安排了一次见面。在非正式的谈话中，买手说他很喜欢现在的工作，没打算跳槽，而且新工作还需要迁往外地。采购总监表示理解，与其握手道别。

买手递给总监一张名片，名片的背后写着买手的期望薪水。"合适的时候给我打电话吧。"买手说。半年后，他接到了电话。形势的确变了，因此买手答应跳槽。

合同性质

从本质上看，一个复杂的建筑合同或商业并购案的谈判肯定比买一辆车的谈判复杂。同样，IT服务的谈判过程和待谈事项也肯定与离婚谈判不同。由于谈判双方的关系和谈判结果的性质不同，导致绝大多数谈判都独一无二。

如果打算私下买辆二手车，你八成会与现任车主谈价钱。有两条信息会为你们的商讨定下参照标准。一是车主的第一次开价，也就是他的开局条件；二是这个款式和年份旧车的市场价格。双方都知道这些信息，谈到最后基本上就是讨价还价。买方会说车子有划痕，需要补漆，借此杀价；卖方则会说车况有多好，而且这是第一次转手，借此提高价值。除非你肯听，否则这些争论对谈判没有任何影响。你们交易后不会再见面，可以谈的事项也不多，因此谈判多半变成压力型或交易型谈判。

现在，假设你愿意多花点钱去二手车商那儿买车。旧轮胎能否更换？买车是否要交税？是否有诱人的贷款计划？你们在交易之后是否会继续有来往？待谈事项的增加，会导致谈判移向互让交易或双赢区域。

最后，同样要买车，但这次你打算买辆新车。现在对你而言，服务、日后的折价方式、额外开支，以及车险都纳入了讨论范围。整体价值成为更重要的因素，这个交易很可能会落在联手解决问题甚至是关系构建的区域。

这 3 种情境中，可谈的事项越来越多，交易后继续打交道的可能性也越来越大。要买的车子差不了多少，但谈判的风格发生了变化。

假设你要把保洁工作外包，工作标准、质量、可靠程度、绩效评估和合同期限都要考虑的问题。由于诸多事项需要讨论，而且考虑到有日后相处的问题，你会认为 8：00 区域的双赢方式比较合适。

然而，如果力量的天平明显偏向你，比如有 10 家保洁公司想接这个单子，而且都符合你的标准，报价也相近。你可能会比较强势地向中意的那家开出条件，在 4：00 区域进行压力型谈判，甚至进入 2：00 区域，进行招标。

问题随之产生：你可能争取到一份非常合算的短期合同，但风险仍在，比如中标公司可能达不到合同规定的绩效标准。这时，考虑到更换供应商、绩效管理上的时间投入，以及终止合同造成的损失，你会主动寻找更加妥善、均衡的方法来管理谈判进程，让对方主动提高服务质量。这些做法没有好坏之分。身为谈判者，你的责任是明确目标，并选择风险最小而利益最大的做法。

人际关系

无论在哪种文化环境里，人际关系和信任程度都是决定谈判气氛的基础。如果谈判的事项涵盖面较广，那么通过沟通了解彼此的想法和需求也必不可少。比如共同风险，可能提升价值的其他因素，如产品规格、组建合资公司、风险管理等，都应该深入探讨。大多数人都愿意与信任并尊重的人做生意，信任程度可以影响大部分谈判的开放氛围，也会影响谈判落在钟面的区域。

然而，绝不要把信任、尊重和"招人喜欢"混为一谈。许多人都希望别人喜欢自己，如果不加以控制，这种心态会导致不必要的无条件让步。人们认为这种善意的妥协必有回报，所以牺牲了短期利益。有时候，妥协也未尝不可，但只有当双方关系足够牢固，而且关系破裂有损长远利益的时候才可以这样做。

尊重是赢来的，而不是靠过于灵活，或是无条件的让步获得的，而且当你坚持立场、行为一致的时候，你更容易赢得它。哪怕你觉得对方不够公正，自私，死板，甚至态度傲慢，你也要记住自己的责任，不要在意这些行为，理智地评估双方的力量。若是对方的立场和要求激起了你的情绪反应，对手就将坐收渔利。同样，如果你手中的力量更大，那就用它来巩固优势，获得对方的承诺，但不要激怒对手。要记住，谈判不是为了打败对方。

慷慨会招致贪婪，而不是感激。有时人会在慎重考虑之后，发觉当初的让步实属不必，但他们会辩称这是为了"维护关系"。有些人会这样自欺欺人：我不得不这样做，如果不做些让步，合作关系将很难维持。然而，从以往的谈判中，我发现你给得越多，对方想要的就更多。相互尊重是良好商务关系的核心，无谓的让步并不能让对方更加尊重你。

缺乏一定的信任，谈判的确会像冷冰冰的交易，不容易进行下去。相反，如果双方走得太近，就会出现自满的心态，整体价值和获得价值的机会就会受损。正是出于这个原因，许多公司让采购人员定期轮岗，以免人际关系影响业务。而你的挑战就在于，在彬彬有礼的陌生与不拘礼的亲近之间找到平衡点。

如何让对手觉得你更有力量?

力量唯有在可靠、可信、可用的时候才真实。真实的力量来自于双方共知的事实，但很多历史教训证明：如果别人认为你有力量，其效果与你具有真实的力量一样。

你可以在谈判开始前就让对方认为你手握力量，比如显示出漠不关心的态度，概述对方的选择或现在采用的条款。这一切都是为了管理对方的期望，显示你的优势地位。一旦谈判开始，这么做就太过明显，也就失去了意义。多年以来，谈判者使用各种各样的开局手段，希望达到这种先声夺人的效果。看清事实和形势，提升己方在对方心中的"印象力量"，全能型谈判高手懂得其重要性。

影响谈判双方力量分配的主要因素包括：

◆ 需求与依赖程度；

◆ 时间与形势；

◆ 威胁与后果；

◆ 供需关系；

◆ 信息、透明度、知识。

说到力量分配状况，这个力量可以是主观印象，也可以是客观事实。关键在于双方怎样看待相互需求和依赖的程度。谁依赖谁多一点？还是一方完全依赖另一方？双方既然坐在一张谈判桌前，愿意商谈，就说明这桩交易有利可图，然而力量或者说对力量的主观印象，会对谈判的进程产生重大影响。首先你必须深刻地理解力量，然后增强它，最后决定如何使用。

需求与依赖程度

需求和依赖程度是力量天平的核心。如果你根本没必要做这个交易，丝毫不依赖对方，那么"冷漠"的基调会大大增强你的力量，但前提是你们双方都知道并承认这一点。谈判者为何辛辛苦苦地在会议中显出一副冷淡的模样，这正是主要原因。谈成交易的需求是否迫切，通常由你面临的形势决定。谈判双方的关系不同，形势不同，需求和依赖程度对你的意义也就不同。

专业的扑克玩家明白，大家的手气都差不多，你认为对手的牌好，其实你与他们一样。因此，出牌前玩家会精心计算，仔细琢磨形势。如果只"待在自己的脑袋里"算牌，玩家容易认为自己的牌比较小，实力较弱，所以他们就把注意力转移到对手的习惯和身体语言上，好在出牌之前探明对手的实力。

随堂案例

就是要把最好的车租给客户

卡洛斯·席尔瓦在西班牙某地的机场开了一个租车加盟店。一个周五晚上，一架班机因天气原因延误，落地的时候其他租车店已经打烊。

由于卡洛斯当周的生意很差，他需要再租出一辆车才能完成指标，所以他才等着那个晚点航班没有关门。

一个生意人进店来了，说马上要租辆车。此人一脸焦灼，说没下班的租车店只有这一家了。卡洛斯当然知道这个，他也知道商人没有其他选择。商人有需求，可时间和形势没站在他那边，这就让卡洛斯有了很大的优势。

如果只"待在自己的脑袋里"，他可能就接下订单，同时大松一口气，终于完成本周指标了。

可是卡洛斯决定问问商人，试探对方的立场，弄清对方面临的问题和打算，确定对方完全依赖自己。然后卡洛斯以高出成本一倍的价格，把车行里最大型的车子租给了这位商人。他运用了自己的力量，保留了信息，没有把自己能做的事全部说出来，并且争取到最大的机会。能租到车子，商人如释重负，至于车子的规模和价钱就成了次要问题。

透彻理解力量对谈判双方心理预期的影响非常重要。绝大多数人通过观察对方，用直觉判断力量强弱，但更多时候依靠的是清晰、真实的市场证据。如果顾客没有这种产品就不行，而你是唯一的供应商，那他们肯定会为之倾其所有。当然，很少有这么一边倒的情况，就算有也不会维持太久。人们往往会主观地看待力量，也就是说，感觉、直觉、环境和人的行为也会影响你对力量的判断。

📽随堂案例
为什么与奶农合资建养猪场?

一家便利杂货店奉行一条政策：尽量采购并出售当地的农产品。顾客都很喜欢这个做法，当地的农户也因此受益。此地供应猪肉制品的农场有两家，制作培根、香肠、猪排、猪蹄，还有猪耳朵。但其中一户农场主打算退休，卖掉农场。买家是当地的奶农，他决定不再继续养猪，因此这条供应链断掉了。便利店只能从一家农场采购猪肉。

几个月后，那家养猪场的主人提了价。由于要坚持当地采购的承诺，便利店保持了合理的订量。这家便利店的老板运营着 20 家分店，他知道，由于供应商垄断市场，再加上当地采购的承诺，他的谈判力量已经流失。他决定找买下另一家农场的奶农谈谈。他提议双方合资建立养猪场，并承诺一半的猪肉从这里进货，而且价格与目前付给另一家的一样高，合同为期 3 年。利润前景让奶农动了心，他答应建养猪场。

3 个月后，便利店老板已经有资本与那家养猪场的主人谈判了，于是他把价格砍到了比一年前还低。能谈成这么合算的价格，是因为他威胁说，如果不答应他提出的条件，他就全部向奶农的"合资养猪场"采购。

我帮过许多不同行业的客户做谈判前的准备工作，我会问他们一个关于力量的问题："你认为谁的力量更大，是你、客户还是供应商？"结果 70% 以上的客户的第一反应都是"对方！"

为什么？因为大多数人都"待在自己的脑袋里"，只从自己的角度看问题。我们很难感受并理解对方的压力，于是就把焦点放在己方暴露的缺点上，这自然会灭自己志气，长他人威风。所以，"待在自己的脑袋里"谈判非常危险。与谈判对手之间的力量差异往往比人们想象中的均衡，只是他们不愿相信。

身为全能型谈判高手，认识到这一点十分重要：即便市场力量明显偏向对方，你仍然有机会主动改变双方的依赖关系，从而改变力量的差异。

时间与形势

许多商界领袖说，他们谈判成功大多因为赶上了好时机。选对时机，形势就对你有利。但是万一时机对你不利怎么办？对方的可选方案很多，可以否决你的想法和提案。你能做的是精心安排谈判事项，以求控制时间和形势，从而获得力量和优势。但这要怎么做？

如果时机和形势会影响双方的选择，那么通过调整事件的先后顺序，你可以有效地获得力量。换言之，你可以控制时机和形势，争取优势。做法包括：设计最优备选方案，安排这些方案的讨论次序，并调整签订协议的次序，特别是同时与好几个客户或供应商谈判的时候。

随堂案例

巧妙安排谈判次序，啃下硬骨头

巴西一家轮胎经销商向很多零售商供货，并提供技术服务。在巴西，你可以在杂货铺旁买到轮胎。最近由于公司易主，这家经销商正筹划每年一度的涨价谈判，这次他们打算提价 8%。

他们把客户按规模和渠道进行分类，然后挑出那些能够快速谈判成功、不太棘手的客户。把这一批规模较小的客户作为第一批谈判的对象。4 周后，待谈判完成，公司向媒体公布了合约条款。

与此同时，他们开始与另一批较为棘手的客户谈判。该公司在谈判中列举了第一批谈判的例子，说明市场已经接受了这个价格。最难谈的客户被放在最后，他们只占 30% 的市场份额。既然 70% 的人已经同意，经销商就掌握了更大的力量。他们现在处于优势，必要时可以威胁这部分客户说如果不答应，公司就大力扶植前两批客户。合理安排谈判顺序为公司赢得了力量和优势，并有可能帮助公司拿下全部客户。

很多行业的人都在使用这个方法，他们会主动作好计划，有策略地进行谈判。在这个例子中，如果轮胎公司只是单方面地把协议同时发给所有客户，并且被动地作出回应，结果可能与现在相去甚远。

威胁与后果

当威胁和后果摆在面前，你需要确定它们是否可信。对方有能力这样做吗？他们是不是在虚张声势？这样做会不会令他们同样承受风险？他们是否真有备选方案？

判断威胁的真伪时，尽管透明公开的信息能够驱散一些迷雾，你仍要尽可能挖掘真相。如果搞不清楚，你就处于一个模糊状态，说重一点就是必须妥协的状态，因为你无视双方的力量对比。

这与家人谈判的情况有所不同，因为大多数威胁都是"透明"的，你很清楚他们有没有实力这么做。面对自己的公司或同行，核实这些信息也相对容易。但是，当你面对顾客和供应商，尤其是新对手的时候，判断威胁的真伪就比较困难。

一方为了控制形势，可能会耍点花招，提出隐隐的威胁。有时，对方会故意告诉你一个虚假时限，或是上司发出了最后通牒。如果对方为了向你施压或制造紧急气氛而使用这种花招，你需要核实情况。询问接下来会怎样，但千万不要问搬砖头砸自己脚的引导性问题，比如"没有商量余地了吗？"核实的目的是了解对方真打算这么做，还是在耍手腕。他们当然不会承认是在耍花招，因此你要尽可能收集一切信息，并据此判断风险。

我要慎重指出，威胁不都是虚张声势，有时确有其事。在著名影片《教父》中，维托·柯里昂有句著名的台词："我会开出一个他无法拒绝的条件。"生命的代价对于大多数人来说都太大了，他们相信教父真的会那样做，而且他们无力对抗柯里昂家族，因此他们选择了妥协。而那些认为教父虚张声势的人则必须承担后果。

尽管商场上的威胁不会如此极端，但依然可能有很大的破坏力，造成的后果包括业务低迷、声誉受损等。然而，如果靠威胁获得力量，当威胁结束，这种力量也将不复存在。一旦被威胁的人从对后果的恐惧中解脱，他们的行为可能变得相当危险。复仇是最痛快的事，而且人的记性都好得出奇。

随堂案例

随时做好终止合作的准备

一家知名的谷物食品制造商陷入了尴尬的境地，有家大型百货零售店要求该厂商追加投资，以提升自己的竞争力。零售店列出了不肯帮忙的后果：降低库存数量，不再引进新产品，直到协议敲定。他们还制定了时间表，发出最后通牒，如果不能按期谈好，他们将停止销售该厂商的所有产品。刚得到消息的时候，厂商对此极为关注，马上对形势进行分析。

他们不动声色地找到其他零售商，提出增加投资，换取巨大的销量增长机会，然后迅速设计了一套最优备选方案。在与那家零售商的谈判中，他们利用这份备选方案改变了双方的力量分配。随后，他们针对"停止销售"采取了一种强硬的策略，扣下了全线产品的库存，做好了必要时暂时终止合作的准备。谈判强度迅速升级，决策权层层上交到了零售商的高层，一个月之内，零售商做出妥协，接受了一个与原先差不多的新合同。

供需关系

如果说外界形势会直接影响力量的天平，那么供需关系无疑是其中的主要因素。如果需求稳定或上涨，而供应短缺，产品的价值或价格就会升高；如果供给过量，或需求缩减，产品的价值或价格就会下降。尽管大部分市场都遵循这一规律，但表现未必如此明显。正确的问题会帮助你弄清局面：

◆ 供应商总体运营如何，这对你有哪些重要影响？
◆ 要达成战略目标，对方有多少切实可行的备选方案？
◆ 需求下降会对协议产生什么影响？

市场价格的变动是供需关系的清晰体现。汽油、咖啡、糖、黄金的价格都受到供需关系的影响。近年来，钢材价格飙升，这是因为中国对钢材的需求很大，其他经济体也争相购买。这是一条很简单的经济规律：供需关系设定了交易和谈判的限制因素。

企业为何收购竞争对手？可能为了提高市场份额，也可能为了降低生产和运营成本。但有一条可以肯定，他们一定是为了减少竞争对手，从而拥有更大的市场影响力和自由度。我们有时听说某个公司并购之后，没能达到预期目标,这个目标显然是指成本节约方面的短期考量。从长远来看,市场地位和谈判力量等因素往往容易被人忽略,但正是谈判力量可以为你带来更多利益。

随堂案例

雪橇的价格因天气而变

2009年12月,英国降雪多得出奇。当地的园艺用品商场去年囤积了250余副塑料雪橇。圣诞前夕,孩子们开始放假,家长也完成了一年的工作,每个小山丘上都挤满了玩雪的家庭。商场门口马上竖起广告牌:"雪橇大热卖,9.99英镑一套"。

两天内,商场卖掉了一半库存。此时,雪渐渐融化。由于需求量下降,雪橇的价格改成了6.99英镑。第3天仍然在化雪,而且当地大部分家庭好像都有了雪橇,因此价格降到4.99英镑。

第4天,当地又突降大雪。商场把价格改回9.99英镑,并在圣诞节前卖掉了所有雪橇。和所有的市场一样,雪橇的定价反映的是需求状况,而不只是简单的成本加利润。

你的需求越多,备选方案也越多,谈判力量就越大。这家不行,还有那家。所有谈判都是如此。尽管未必每次都能这么做,但提升谈判力量最有效的方法之一就是设计最优备选方案。因为选择越多,你就越强大;选择越清晰,底线就越明确。

要提升谈判力量,透彻理解并设计最优备选方案必不可少。没有备选方案就等于没有力量,这无异于"待在自己的脑袋里"谈判。

金融市场上的货币量影响着房屋贷款的最优利率。银行会定期公布利率,竞相发放房产抵押贷款,有些购房者会与贷款经纪商谈,经纪人会根据现状,提供许多可选方案。有些人会与银行或房贷协会接触,了解最新的贷款政策,或是简单咨询贷款展期的代价,除此之外得不到其他建议。然而,那些花时间到处转转、上网搜集信息、与大批购房者交谈的人会轻易掌握现在市场上的最优利率。有了最优备选方案，知道在其他地方能拿到什么样的利率，你花在搜集信息上的工夫必定会有回报。

广告登的未必是最优利率。在私人银行的业务圈里，如果你人脉广，可选范围大，就有很多机会拿到比市面价格更合算的条件。这些都值得你花一番工夫。

验证对方的替代方案是否属实，判断他们是否更有力量，需要我们客观地提问。在某些行业里，采用替代方案是有切实成本的。比如说，换掉生产商的成本是重新采买设备和原材料，重新作安全检查，还有生产中断、重新培训、建立关系等产生的费用。对方或许有能力采用替代方案，但他们未必愿意这样做。

如果你能读懂对方的心思，就能看见他们的可选方案，理解他们的成本限制、时间压力、不能谈成交易的后果等。不幸的是，你几乎不可能了解得如此透彻。然而，你仍然可以与各方利益相关者沟通，通过提问和倾听，了解部分信息，掌握对手的情况。

试想淘金热时期的早期采矿人，他们坐在河边，用淘金盘筛着成吨的泥沙，希望发现让自己瞬间致富的大金块。在这个信息时代，你应当认为信息同样贵重。想"钻进对方的脑袋，看穿他们的想法"，你需要调查分析，召开前期沟通会，研究历史案例和对方当前的策略，用问题核实假设。很多大公司都有相关的信息渠道，比如市场调研、知识管理等，每条信息都能提供巨大价值，帮助公司了解消费者。这些部门创造的价值远高于成本。

充分了解对方的备选方案和面临的形势，你会拥有更强的谈判力量。因此，你要谨慎考虑与对方分享多少信息、分享哪些类型的信息。要积累力量，你就应当像律师一样，不是审讯盘问，而是提出恰当问题，筛选"信息金块"，或是能帮你找到"金块"的资讯。要从多个角度看问题。想维持双方关系，就不能像审讯似的问个没完。你需要了解整体形势，拿出好奇心，核实问题。对他们的动机、目的和底线了解得越透彻，你的力量就越强，因此你需要耐心行事。

信息、透明度、知识

信息可以增强力量。了解对方的好处在于你能够从他们的角度找到力量的平衡点。

唯有理解诸如时机、形势、供需关系、依赖程度等因素对对方的意义，才会增强你的力量。如果不了解这些信息，它们对你就没有意义，你也得不到任何好处。所以，提问和倾听是谈判者的关键技能。在"真空状态"，即不了解形势的情况下谈判，相当于"待在自己的脑袋里"，知己而不知彼，从而低估了面前的机会。

随堂案例

"假想敌"让培训课程的价格降了又降

经过两年的协商，一家做变革管理培训的公司与澳大利亚政府签订了一份为期一年的合同。作为变革管理项目的一部分，多个政府部门的管理者将参加这些培训课程。培训公司的老板很高兴能拿下这单生意，他们知道自己开出的条件很吸引人，而且可以按照公务员的需要量身定制培训项目。双方仔细商定条款后开始培训。9个月后，这家公司得到投标邀请，商谈来年的合同。

数周后谈判开始，对方是澳大利亚政府的集中采购部门，代表各个部门的利益。培训公司并不知道自己是唯一一家能按合同条款持续提供服务的专业供应商，也是市场上唯一能够提供这种服务的机构。他们认为存在竞争对手。由于太想留住这单生意，培训公司降价20%，签订了一份为期3年的新合同。

如果能更多地了解竞争对手，甚至客户对竞争对手的看法，他们对于力量的认识就会完全不同，谈判结果也将改变。但他们始终"待在自己的脑袋里"谈判。信息的力量极大程度地影响了谈判结果。几年后，他们雇用了一位曾经在那个采购部门任职的员工，才得到这些信息。

牛顿三大定律的借用

即使你相信自己有力量，如果发挥不出来，也无济于事。比如你拥有一个设备齐全的发电厂，可以提供千万瓦特的电力，可如果大家都懒得开灯，你的电厂就没有用武之地。

力量会改变事物的状态，在谈判心理学中，我们可以借助物理学的牛顿三大定律轻易理解这句话。已经被物理界研究了上百年的牛顿定律，在谈判桌上也能给人极大启发。全能型谈判高手理解其中的深意，并懂得在谈判中使用这些定律。

牛顿第一定律：惯性定律，你要主动出击

牛顿第一定律也称作惯性定律，内容是：任何物体在不受外力的情况下，总保持匀速直线运动或静止状态，直到有作用在它上面的力迫使它改变这种状态。

谈判中，掌握力量的一方常常这样做。而你要主动出击，创造动能，获得谈判优势。通过施加外力，你可以促使物体"运动"起来，或者说获得对方的回应，借此抵消惯性。换言之，如果什么都不做，对方的状态就不会改变。你要使用手中的力量，改变谈判状态。

这些"外力"可以是：

◆ 新的提案；

◆ 新的替代方案；

◆ 新的时间限制；

◆ 威胁终止谈判。

如果对方的惯性来自于认定"我们不需要改变"或是"我们不需要灵活性"，那么你就通过开局提出苛刻条件，或向对方暗示后果来改变他们的想法。

📖 随堂案例

变相给供应商施加压力

一家专做仿古家具的意大利家具厂有 5 家原材料供应商。其中两家专做橡木，过去 15 年一直向家具厂供货。其中一家橡木商是个大企业，它以法国、美国橡木的供应量总体短缺为由，提出每年加价 7%。这家公司态度坚决，而且要立即执行。另一家橡木供应商也发函通知家具厂，到了每年一度提价 2.5% 的时候，这已经持续了 5 年。

家具厂根据市场行情与第一家供应商还价到只提价 2.5%。对方说，其他木材商目前库存可能较多，但涨价也是迟早的事。家具厂不肯让步，只接受 2.5% 的提价。他们并非新手，知道只从一家供应商进货很被动，作为权宜之计，他们另找了几家供应商，进价比第一家还贵，但供应商并不清楚具体价格信息，只知道突然多出了几个竞争对手。

两周内，第一家供应商做出让步，答应只提价 2.5%，但要更改其他条款。签订期限更长的合同，以降低供应商的成本；任何变化都要提前 3 个月通知；公开生产计划，保证以合理的价格获得稳定的供应量。

为了让谈判"动起来"，你可以坚持双方先就谈判议程达成共识，它是一张待谈事项列表，它划定了谈判的范围。你需要了解：

◆ 对方有哪些风险？

◆ 哪些东西对他们很重要？

◆ 还有谁需要参与谈判？

◆ 还有哪些事需要谈？

你的主动行为首先会保证谈判继续进行；其次还会让你希望多谈些

内容。商定的价格、以前的条款或是对手的高端品牌，这些看似没有谈判余地的事项，实际上都在等待你提出挑战。你可以制定谈判议程，让对方关注更多议题，也让对方明白，即便价格没有变动余地，其他事项依然可以谈判。

如果你们的谈判属于"除非事事谈定，否则什么都没谈定"，那么制定议程可以确保每项议题都能讨论到，防止最后交易受阻。同样，谈判议程一旦确定，如果对方在谈判中提出新议题，你就有充足的理由拒绝，因为"这不是我们要谈的议题"，而且不在议程范围之内。一份双方认同的议程表能帮你获得某种程度的控制权。因此，谈判往往在正式落座前就已经开始，你们需要讨论哪些该谈，哪些不谈，这在工会谈判中很常见。掌控了谈判议程，你还可以获得以下好处：

◆ 商定哪些事项应该谈，哪些可以避开；
◆ 缩小或扩大议题范围，甚至暗示讨论时间。

费用、利润或价格一向是重要议题，但涵盖面更广的议程还应该包括可能产生的成本，以及哪些条款能为你提供更多保障或带来更多价值。此外，罗列谈判事项并邀请对方修改议程，相当于提倡双方都应该对谈判负责，并让对方认同谈判中每一方提出的问题都应该达成共识。

谈判前管理好这个沟通过程，你就更有可能掌握主动，以对自己有利的方式来安排议程，开个好头。总体来讲，主动规划谈判议程并进行沟通的一方更有可能控制谈判进程，从而影响双方的力量分配，降低谈判"惯性"带来的风险。

牛顿第二定律：加速度，创造谈判动能

牛顿第二定律，又称加速度定律，内容是：物体会沿着你推动的方向运动，其加速度与作用力成正比，与物体质量成反比。一定时间内物体运动状态的改变取决于质量和受力大小，也就是能量的转移。比如打

橄榄球时，你冲向对手，你的速度越快，体重越大，产生的力量就越大。在谈判中，你创造的动能越大，就越有可能得到对方的响应，哪怕你自认"体格"和实力都不如对方。牛顿定律说明，运动物体的冲击力是静止重量的数倍。在谈判中，你可以通过管理时机、备选方案和外部形势，调整各环节的次序，控制流程，进而增强谈判力量。

随堂案例

坚定的通知函轻松解决复杂谈判

一家银行单方面决定对企业客户涨价，他们向客户发函通知条款变更，而且即时生效。通知函语气强硬，只是简单地确认了变更的事实，并且暗示所有的客户都已经按照新条款操作。

尽管这家银行有规模的客户只有30家，而且每个客户都很重要，但通知函的立场和时机掌握得非常好，90%的客户都未经谈判就接受了涨价。银行董事们后来承认，如果发通知函之前与每家客户都开会讨论条款变更，成功率将非常低。

牛顿第三定律：作用力与反作用力，有力量才能推动议题

牛顿第三定律，也称运动定律，内容是：两个物体之间的作用力和反作用力，总是大小相等，方向相反，作用在同一直线上。

如果A物体对B物体施加了一个力，那么B物体也会对A物体施加一个方向相反、大小相等的力。踢球时，肌肉的力量通过脚传到球上，球以相应的速度向前滚动。在谈判中，如果你对某个议题施加"推动力"，对方很有可能像被踢的球一样，作出妥协。但如果对方的实力很强，就好比你踢到铁球，那结果多半是你踢青了脚。因此，出手前要仔细预测对方的反应，并现实地考虑你会不会太痛。

大师点题

　　我们在第 2 章探讨了 3 项影响谈判的因素：力量、信任、整体价值和共同机会。

　　在第 3 章中，我们详细地分析了谈判中力量的动态变化以及信任如何影响力量天平。接下来的第 4 章，将介绍谈判者的行为和素质对谈判结果造成的影响，以及我们应该怎样运用这些因素，成为全能型谈判高手。

第4章

全能高手

10 项关键素质

　　香港 Zenni 公司认为 10 000 美元展位费用太高放弃参加行业展会。会前两周，举办方却通知 Zenni 公司 4 500 美元可以使用同样大小的展位，于是他们立即签约，到现场后才发现展位十分偏僻。

　　没有人因为喜欢你而妥协，或给你更好的条件，但有很多人因为不喜欢你而拒绝与你交易。

了解自己，知道哪一项素质最有
助于你谈判成功，通过更深刻的
自省，发挥你的优势。

自省源于坦诚面对自我，知道自己是谁、在做什么、做得怎样。

许多人都自认为是谈判高手，然而若问他们为什么觉得自己不错，他们往往只能说出几点长处，或是列举一些他们掌握的自认为很关键的诀窍。如果说"谈判钟面模型"教会了我们什么，那就是谈判类型不同，需要的技能也不同。换句话说，4：00的压力型谈判与10：00的联手解决问题型谈判所需的能力就不同。然而，在讨论如何根据不同的谈判类型采取不同行动之前，我们先要搞清楚，在努力争取最优谈判结果的时候，你的谈判素质会对综合能力造成怎样的影响。

专业运动员所需的素质包括耐力、敏捷性、速度和柔韧性。运动项目不同，这些素质所占的比重也不同。它们反映运动员的潜质和现状，也让运动员明白要提升成绩该在哪些方面下工夫。有些素质与生俱来，有些可以后天学习提高，这些素质是运动员能力体系的重要基础，帮助他们在竞赛中取得优异成绩。

我们以全能型谈判高手为代表，对谈判进行全面地分析和解读，这样更便于我们为企业提供谈判标准。如果打算利用敏锐的商业嗅觉，并使用"谈判钟面模型"，你需要透彻理解谈判中的力量分配状况。行为训练能让你在谈判中表现得更好，争取到最大机会。了解自己，知道哪一项素质最有助于你谈判成功，通过更深刻的自省，发挥你的优势。

以下 10 项谈判素质会直接影响你的行动，你可能具有某些先天素质，或很容易受其他素质的影响，而这 10 项素质与它们有紧密联系。这些谈判素质是行为表现的基础。比如说，当面对冲突，或对方提出极端的开局条件时，"镇定"会让你保持思路清晰。在被压力包围的情况下，如果能够冷静地控制情绪，你就会在必须针锋相对的艰难谈判中表现得更加娴熟自如。个人素质只是个性的反映，无优劣之分，重点在于对自己有一个全面透彻的了解，以便取长补短。10 项谈判素质包括：镇定、自律、坚韧、坚定、直觉、谨慎、好奇心、数理分析能力、创新、谦逊。

先镇定下来，再处理冲突

镇定帮助你在面对压力时保持冷静，耐心行事。妥善处理压力的前提就是保持镇定，飞行员、高尔夫球手、警察、律师都要靠镇定的心态完成任务，谈判者也是一样。

谈判中的镇定，指的是妥善处理冲突。这要求谈判者洞察微妙情势，权衡风险后做出合理反应。谈判中没有无缘无故的事情，要控制好自己，就必须做个"有意识的谈判者"。镇定还可以帮你提出大胆却不出格的开局条件，前提是你要了解其中的风险。当你自信地提出要求时，镇定的心态可以帮助你更为从容地陈述理由。

关键词

有意识的谈判者（Conscious Negotiator）：这种人清楚了解眼前形势，知道自己的一举一动会对双方关系和谈判造成哪些影响。他们非常清楚自己在做什么，十分警觉，而且目标明确。他们知道谈判会让人不舒服，但这份工作要求他们适应这种感觉，而不是任由自己选择轻松的状态。

某些情形下，如果你开场就提出了苛刻的条件，然后保持沉默，别人会认为你咄咄逼人，甚至有些傲慢。如果你辅以谦逊的态度，并且保持冷静，这种镇定的姿态将是极为有效的谈判立场。没有镇定的心态，你更容易不自在，失去对方的尊重，最终屈服让步。保持镇定，你就可以选择恰当的时机改变立场。

不流露情绪，只想办法达成

自律要求谈判者根据形势，扮演好应该扮演的角色，而不是只图自己痛快。自律不是要你变成另一个人，而是根据角色要求做好工作。例如对方提出提案后，无动于衷比兴高采烈和喜形于色更恰当。管住自己，不流露情绪，有助于保持冷静。你不需要对任何提案都冷眼以对，但必须足够自律，表现出你希望对方观察到的样子。

演员知道如何用台词诠释角色，既有语言，也包括动作。他们是有意识的表演者，按部就班地扮演各自的角色。他们与全能型谈判高手的区别在于，演员手握剧本，而后者并无剧本可循。

谈判老手大多有个共性，那就是有耐心也有能力克服挫折感。费尽心思都无法让对方同意你的观点或提案会感受一种很强的挫折感，然而你可以运用以下方法达到目的：

◆ 总结；

◆ 把握时机；

◆ 把提议改头换面，重说一遍；

◆ 从容地保持沉默；

◆ 自律，不推销提议。

当然，如果以团队形式参加谈判，你需要确保其他成员像你一样自律，因为每个成员的表现在对方看来就是你们团队的整体素质。

从"不可能"到"如何做才有可能"

听见可怕的"不行，不能，不同意"的时候，正是把它们变成"如何做才有可能"的好机会。此时你不该简单地妥协退让，而是要从各个角度仔细思考，应该引入哪些外部条件控制局面，管理对方的期望。就像网球比赛，对手破掉了你的发球局，你不会当场放弃，而是会在下一局更加投入，夺回优势。

有些时候，你需要坚守立场，同时试探对方的决定。如果真能"钻进对方的脑袋，看穿他们的想法"，你就会知道何时说"不"。坚韧指的不仅是坚守立场，也意味着坚定而自信。当你需要不断重复自己的立场直到对方听进去的时候，应该适时使用**复读机策略**。

关键词

复读机策略（Broken Record Tatic）：通过重复自己的话，你可以在不退让或不失去控制权的情况下坚持自己的立场。当对方没完没了地磨你，想逼你放弃时，这也是很奏效的还击策略。

人们更珍惜努力争取到的东西，因此，你应该把谈判中的绝大多数事项当作难以到手却有可能得到的东西。坚韧也意味着有勇气坚持自己的想法，因为对方经常使出"质疑"策略，让你对自己的判断产生怀疑。

《柯林斯英语词典》（Collins English Dictionary）对"坚韧"是这样解释的：坚持、固执。在恰当的时机，这个素质对谈判非常有帮助。坚韧能够让谈判者关注交易本身，而不是急着完成任务，在条件尚未成熟时迅速签订合同。你在谈判上投入的时间越多，就越可能创造更多价值。极少有人真心喜欢谈判，也极少有人能在谈判即将结束时发现继续讨论的价值。很多人的想法是："我们已经达成一致，把合同签了吧。"你更应该在这种时候积极探寻"为了确保合同顺利执行,我们还应该做什么？"

坚韧的谈判者愿意多想一步，考虑如何使交易更加圆满，因此他们能挖掘极易被他人忽略的价值。

随堂案例

本可马上接单，为何拖延 24 小时

一位后勤经理刚刚接手一项新任务：两周内给大楼刚竣工的部分装上安保系统。于是他找到原先给主楼装系统的公司，安保系统公司派出一名销售人员与后勤经理接洽。

销售人员向后勤经理解释了该公司的安保系统已经升级为最新的无线控制系统，而新系统需要与老系统的主控台和消防喷水系统连接，两周时间可能来不及，连接消防系统也需要更多人员支持，其实对于安保公司来说这工作非常简单。

后勤经理没有备选方案，会议开始后，无法按时完成任务的压力让他慌了神。销售员却镇定地结束了会议并承诺 24 小时之内提供解决方案。如果他此时向后勤经理提出签合同，后者一定会马上点头，但销售员并没有这样做。

第二天，销售员打电话给后勤经理，说与公司商量之后确定可以在时间期限内完成。后勤经理长出了一口气，对销售员心存感激。就这样，后勤经理对价格方面没有提出任何质疑，所有产品得以按原价卖出。

坚韧能帮你抵制妥协情绪，坚守立场，不被对手逼退。它促使你不停地挖掘价值，直到最终成交。

把焦点放到交易上

预测未来的最好方式就是亲手创造它。掌控谈判需要多方面的努力，这包括积极主动的心态、保持自信以及精心设计谈判策略。这些努力也

将决定你在谈判桌上的表现。全能型谈判高手展现的是坚定不移、一切尽在掌握的风范，这不会招致反感，反而会赢得对方的尊重，让对方认可你的提案。当然，这并非要求你在沟通时像个家长，只要记住说话时坚决又自信。

身为一名坚定的谈判者，你要拿捏好尺度，主导谈判议程的设计，同时必须设置恰当的"锚点"，让谈判从这里开始。把焦点放到交易上，对一切可能性保持开放的心态。你之所以告诉对方谈判破裂的后果，不是为了让谈判陷入僵局，而是为了表明态度。

谈判结果只受提案影响。因此你要确保提出议案的人是自己，而不是对方。当然，为了找出灵活可谈的议题，你也要倾听对方的意见，但要确保他们回应的是你的提案。身为坚定的谈判者，你还要拒绝"顺从"的诱惑，把自己当作负责人，但不能过于傲慢，以免伤害对方。坚定的态度会帮你赢得尊重，但是切勿把坚定与粗鲁混为一谈。

质疑"感觉不对的事情"

谈判高手把经验、潜意识、第六感称为直觉。直觉能帮助全能型谈判高手做到以下事情：

◆ 不仅听懂对方的字面意思，还能听出弦外之音；

◆ 感觉对方的诚实度；

◆ 觉察这桩交易是否过分美好；

◆ 判断是否有更多谈判空间。

解读局势的能力会帮助你判断自己的反应是否正确，当对方反驳你的提案时，它也能帮助你妥善应对。如果事情过分美好，缺乏真实感，那八成是假的。面对这种形势，你应当相信直觉。

绝大多数人的直觉都很敏锐，但在压力之下，他们宁愿接受现实甚至妥协也不愿提出质疑。身为谈判高手，你应该坚定立场，质疑任何"感觉不对的事情"，推进谈判之前，务必提出要求，让局势变得明朗。

直觉还能帮你仔细考虑一些问题，比如对方的动机与行为是否一致。这些问题旨在了解你对眼前形势的看法。此时你需要参考的不仅是数字，还有过往积累的经验。例如，当谈判在11：00的合作区域进行时，你会根据直觉判断对方是否值得信任，这段关系是否能持续。

问自己："我能维持这段关系吗？如果不行，我愿意接受什么补偿，应对合作带来的风险？"经济学家就是用这种更开阔的思路分析形势。但在某些情况下，公司选择供应商是基于双方是否秉承相同的价值观或商业伦理，而不是纯粹基于金钱。

相信直觉，要知道过分拘泥于金钱得失无法得到最好的谈判结果。价格的诱惑力极大，不愿考虑其他因素的人也听不进任何建议，他们宁可违背直觉，也要尝试看起来就不真实的事情。你可能会为了谈成一桩极其合算的买卖而违背直觉，接受并不现实的议题，最终导致灾难性的结果。只有双方真正成交并兑现承诺，交易才称得上是成功。

酒吧里的陌生人向你低价兜售一块劳力士金表，你可以凭直觉判断，这块表一定不是来自正规渠道。但如果是在写字楼，某个西装革履的人要卖给你一幢位于巴拿马的度假公寓呢？还是将信将疑吗？那好，要是一家著名地产中介的销售人员告诉你，如果你今天签约，他一周之内就能把你的房子卖掉呢？

直觉往往来自于阅历和知识，当然也源于潜意识的观察。绝大多数人首次遇见别人，都会基于微妙的、非语言的沟通，立即作出评估或判断。全能型谈判高手在分析对方行为时，更能有意识地评估。

多点耐心，看清形势新变化

谈判开始，双方陆续提出建议，有些被对方接受，有些被否决。在这种商讨和互动中，合约渐渐成型。谈判桌前参与者的脑电波剧烈变化。

双方都尽力创造或分配价值，他们知道，过于草率可能错失良机。受价格的蛊惑，双方有可能达成将带来巨大风险的协议。在这种关键时刻，你应该现实一点，耐心评估形势的变化。许多企业往往因过分看重短期利益或片面的价值，将自身置于非常不利的境地。

随堂案例

参展费打折，展位也打折

Zenni Print 是一家总部位于香港的印刷公司，专门制作巨幅海报。他们非常想在一个专业展会上推广自己的产品。过去半年，他们与展会组织方接洽过很多次，但 10 000 美元的展位费用太过昂贵，因此他们决定不去参加。

展会开始前两周，这家公司接到组织方的电话，对方说如果马上签约，可以给他们安排一个同样大小的展位，价格只要 4 500 美元。公司总监与宣传团队经过简单讨论，决定预定这个展位，然后给组织方回了电话。

可到达当天他们发现，他们的展位在主展厅外，距离人群很远，根本不是半年前讨论过的好地段。由于主发电机和卫星信号接收器都在 90 多米外，他们不得不额外购买电缆。那个区域的空调性能也很差，人站一会儿就觉得又闷又热。

面对这个好到不真实的机会，Zenni 公司的决定太过草率，虽然得到了优惠的价格，却忽略了糟糕的条件，最终未能实现预期推广效果。

对方有备选方案，你如何应对？

谈判中绝不该有自满心态，但谈判者却应该好好利用自己的好奇心收集信息。好奇心强的人更喜欢提问与核实，以便弄清事实。有些人天生有强烈的好奇心，就像一些孩子特别喜欢提问题，因为他们想搞懂这个世界。在谈判前和谈判中不断收集信息，正是力量的根本来源。就算你自认足够了解市场，或是双方已认识多年，你依然有可能作出错误假设。有些谈判者只想着自己的目标和压力，从未尝试了解对方的需求以及形势变化。做任何提案之前，务必用恰当的问题搜集信息，挖掘事实，了解形势，因为这些情报并非摆在眼前，有时甚至被刻意隐瞒。试着用以下几个问题搜集信息：

◆ 对方优先考虑的是什么，原因何在？

◆ 他们面临怎样的时间压力，压力的来源是什么？

◆ 他们有哪些备选方案，为什么制定这些方案？

◆ 上述几个因素如何更改？

天生好奇心强的人还会通过其他方式仔细调查对方，信息就是力量，不够了解情况，你的谈判力量就相对较弱。

随堂案例

好奇心让旧家具价格倍增

1968 年，美国剧作家亚瑟·米勒（Arthur Miller）的经典戏剧《代价》（*The Price*）在百老汇上演。在一所待拆房子的废旧阁楼里，快退休的纽约警察维克多正在一堆旧家具间徘徊。橱柜、桌子、坏了的竖琴、后软垫鼓鼓囊囊的扶手椅……这些都是繁华过往留下的残迹，他终于要把它们卖掉了。

与买家交谈时，他不停地重复一句话："我怎么开价呢？我都不知道你是谁，和我说说看，你为什么需要这东西？"弄清买家的情况之后，这桩买卖变得收获颇丰。在这出戏中，买家第一次开价之后，家具的真正价值渐渐浮现，价格节节攀升，卖家的耐心和好奇心得到了回报。过早敲定交易或缺乏耐心的人，更容易作出不必要的让步。

折扣 1%，还是延长一周账期?

分析比较多个备选方案的价值时，数理分析能力有助于你运用逻辑思维，敏锐地发现问题，让你更自如地运用"如果……那会怎样?"的思路应对提案。快速的计算能力可以帮助你发现易被忽略的机会。公布提案前，你要权衡利弊，尽量控制风险。尽管提前准备提案是很好的做法，但擅长数理分析的谈判者会更加自如地在谈判过程中评估对方提出的反对意见，提出更好的替代方案。

不幸的是，很多人都不擅长数理分析。解决办法是预先算出某个举动对成本和收益的影响。例如先算出 1% 的折扣或延长一周账期的价值，然后将这些基础数据做成表格，这样就可以迅速应对对方的提议。

随堂案例

省下 170 块，多花了一个周末

我有一位朋友是个健身狂人，他打算买一套组合健身设备，在家锻炼。他上网搜索一番后，选定了一套 550 欧元的家用组合器材，可以 48 小时内免费送货上门。他先打电话向商家了解这套器材能做哪些训练，得到对方的答复后他下单了。挂电话之前，销售员问，"需要我们帮您组装吗? 只需多付 170 欧元。"这两个价格形成了鲜明的对比，他马上做出决定："170 块! 器材总共才 550。不要你们装，我自己来。"

170 欧元的确挺贵，但最后看来应该物有所值，因为他花了整个周末才把多达 288 个零件的大型器材组装起来。无论哪种谈判，事先计算价值、时间成本和决策的总体代价都必不可少，如果这套器材售价 720 欧元，免费安装，不知他还会不会买?

数理分析能力能帮助你评估备选方案，使你心中有数，同时做好应对措施，避免不必要的让步。它可以减少暂停次数，使谈判更加顺畅。

如果心存疑问,我强烈建议你暂停谈判。你需要计算清楚每个提案对交易价值造成的影响。

发挥创新思维,寻找增值点

创新的方案不仅能解开谈判僵局,还能帮助我们创造更多价值。运用创新思维,你可以用不同方式把采购量、时机、规格等谈判事项串联、合并,或者分阶段提出。因此,创意型谈判者能够从容面对交易渐渐成型时的各种不确定因素。

大部分谈判的可谈事项都非常多,范围也很广,如何把它们组合成交换条件,需要你发挥创意。即便待谈事项很少,创意型谈判者也会寻找其他能够为谈判增值的因素,把它们变成待谈事项。

假设你要从农民手中购买 50 英亩土地。地价就是一个非常重要的因素,而且双方都透明公开。知道获得土地所有权的时机,你就可以对土地进行规划。还需要考虑其他因素,包括这块地的周边路况,是否有围栏,以前是什么用途。然而创意型谈判者会考虑更多,比如毗邻土地的开发计划、排水系统、种植经历、污染状况,以及把土地重新租给农户,并允许当地猎户进入等因素。

创意型谈判者会评估风险、合同的有效期限、对手的利益和表现,以便全面审视这桩交易。他们跳出当前的谈判事项,看到更广泛的因素和问题。他们知道,增值事项可能出现在其他地方,而且往往出现在所有元素尚未凸显的谈判开局阶段。

敢于承认知识欠缺

在谈判中运用社交手段和同理心来维护气氛,似乎听起来是常识。然而由于谈判存在剑拔弩张的紧张感,谦逊往往能帮助你营造成熟理性的氛围,而且其作用远胜于耍些小花招。

谦逊有利于表达合作意愿，建立双赢关系。谈判双方相互作用，如果一方锋芒毕露，极具竞争性，另一方也会不自觉地模仿，最终双方发觉谈判变成了低效能的争论。谦逊的全能型谈判高手允许对方赢得争论，自己则把重点放在营造谈判氛围、最大限度地拓展己方的整体价值上。

说到底，重要的是最有利于协议的事项，而非谈判者个人。谈判不是竞争，你的感受也并不重要。谦逊需要抛开个人情绪，除非你是为了协议，要维持双方的尊重关系。我会在第 5 章详细讲解维持良好谈判氛围的技能，而谦逊心态正是这些技能的基础。这种素质让谈判者把重点放在协议的质量上，而不是个人感受。谈判桌上的谦逊包括：

◆ 尽管有风险，但敢于承认自己知识的欠缺；

◆ 对新提议保持开放的心态，同时不让对方看出你受了影响；

◆ 让对方认为他们很重要。

问对问题，展现正直、庄重的风范，正是这些素质帮助心怀谦逊的谈判者创造恰当的互动关系，达成更为互信互惠的交易。

随堂案例
尊重和信任是谈判桌上的隐性条款

詹姆斯是石油行业的首席谈判专家。1997 年，一家石油公司获批在新墨西哥州的霍布斯勘探石油，他们成功发现了油田，但需要与新墨西哥州政府商谈开采权。这块油田位于皮马印第安人的保留区，他们对这块土地拥有不容置疑的所有权。当时，这家石油公司正与大型炼油企业 Quest 有事协商，后者与新墨西哥州有很多次合作经验。但是石油公司只有与印第安人达成一致，才能在农田里铺设 300 英里的输油管道。

毋庸置疑，印第安人希望拿到尽可能多的钱。这个协议长达 10 年，显然会改变这个地区的面貌和他们的财富状况。然而，

石油公司错误地以为价格是谈判的关键。双方在谈判中都没有表现出太多尊重，经过 6 个月的讨论，谈判陷入僵局。

Quest 公司有意拿下这块地区的炼油业务，由于他们与当地人打交道的经验十分丰富，因此主动施以援手。他们的很多谈判人员都与皮马印第安人沟通过。谈判所需的只是尊重、信任，以及更加广泛的议题。一系列涵盖了教育和基础设施投资的社区建设计划被提上议事日程。此外，他们还成立了一个重点研究输油管线铺设路径的顾问委员会，其中半数名额留给了印第安人的部落首领。两周后，交易达成，这一结果直接改变了 Quest 与石油公司后续谈判的情势。

印第安人希望能信任合作伙伴，并且亲身参与这件事。交易谈定后，詹姆斯对我说："没人因为喜欢你而妥协，或给你更好的条件，但有很多人因为不喜欢你而拒绝与你交易。"见证那次"合作型谈判"的 14 年后，这句话仍令我无法忘记。

大师点题

  绝大多数人都拥有这10项素质。在谈判过程中，它们可以帮助我们，也有可能限制我们。行为可以学习，素质则需要深入了解自我，正如自省才是决定因素，它影响你的行为，决定你能否从每次谈判中吸取经验，不断提高。

  即使你不具有创造性思维，或者坚韧并不是你的强项，那也没关系。能成为全能型谈判高手的，是那些透彻了解自己的长处和短处的人。

第 **5** 章

14 个制胜高招
交叉组合使用威力更大

　　服务为王的南非 Sedex 公司的一位销售经理在客户临阵换将后，手脚大乱，在强大的对手面前轻易让出 200 万美元利润。

　　为了消除不适感而立即让步，你会付出巨大代价。

如果用谈判涉及的可变价值量除以所花的时间，你会发现单位时间的价值极高。所以，谈判者要像职业运动员一样不断磨炼技能。

谈判高手的标准渐渐揭晓。现在到了直面自己，审视你能力的时候。你已经知道，出色的谈判表现会对结果造成巨大影响。我们通过"谈判钟面模型"了解了谈判的各种类型。谈判的形势和双方关系受双方力量分配的影响，这意味着我们要不断重新评估预先假设。第 4 章介绍了 10 种谈判素质，我们可以据此深刻自省，在谈判时做出恰当举动。本章讲述的 14 种谈判行为将帮助你在正确的时间做正确的事，素质与行为的相结合有助于全能型谈判高手出色地完成谈判。

谈判行为的妙处在于，你可以通过学习掌握它们，并且运用得越来越纯熟。谈判高手是天生的，还是后天锻炼出来的？公平地说，每个人都有几种与谈判技能相互关联的先天素质，因此你的有些技能会相对更加出色。然而，你只有经过多番努力才能达成高效能的谈判结果，而这 14 种行为就是出色谈判表现的基础。

职业运动员如果想取得好成绩必须掌握一系列技能。比如说，网球选手要会发球、二发、正手上旋球、正手下旋球、反手上旋球、挑高球、削球、网前扣杀。这些技巧是球员参赛的基础，帮助他们处理不同状况。实际上，对于高尔夫球手、F1 赛车手、篮球运动员以及任何想在充满竞争和变化的环境中取胜的人而言，都必须掌握相关技能。

职业运动员和谈判者有些有趣的相似点：教练和准备。职业运动员有自己的教练。如果他们想取胜，必须进行日常训练。谈判者面对的挑战和运动员很像，谈判成果是评价他们表现的标准。那些认为自己有实力、不需要做准备，或是认为凭借多年积累的能力就能发挥作用的人，必定遭到淘汰。

无论谈判的内容是什么，与其他商业活动相比，人们真正花在谈判上的时间其实相当少。即便最大型的交易，也只需数日就能完成。绝大多数谈判都只需几个小时，甚至更短。

如果用谈判涉及的可变价值量除以所花的时间，你会发现单位时间的价值极高。例如，你在谈一个给建筑承包商供应建材的合同，年销售额 500 万英镑。这可能意味着下个月你要开 3 次会，讨论谈判议程。面对面的谈判总计 4 小时，你要争取利润，商讨运货时间、下单流程和其他诸多问题。这单生意的利润相当于销售额的 20%，也就是 100 万英镑。双方商谈付款时间、折扣等条件的时候，利润也会因此波动。

此外，利润还取决于谈判的最终结果，能取得怎样的成果，很大程度上要看你的表现。假如利润的浮动率是 15%，那么有 15 万英镑的利润差就取决于你的表现，除以 4 个小时的谈判，相当于每小时 37 500 镑，也就是每分钟 625 英镑！

谈判让你每分钟创造的价值超过其他所有工作。设想一下，如果刚才那桩生意价值 10 亿英镑，你用在谈判上的单位时间值多少钱？正因如此，谈判者才要像职业运动员一样不断磨炼技能。

这 14 种谈判行为就是你在谈判中应该做的事，它们涵盖了"谈判钟面模型"所有区域的谈判，让你成为足以应付各种情况的多面手。十几年来，这套行为提纲已经被全球 500 多家企业用来评估谈判结果、提升谈判能力。

前 5 项行为更多运用在钟面模型的右侧，也就是 1：00 ~ 6：00 的区域，但并不局限于此，这 5 项行为也是其他行为的基础。接下来的 3 项行为基于倾听、计划和提问。适用于钟面所有区域。最后 6 项行为以上述行为为基础，帮助我们妥善处理形势更为复杂、互赖程度更高、整体价值更重要的交易。

尽管大多数 B2B 类型的企业更倾向于认为他们的谈判都发生在钟面的左半边区域，也就是合作的比重更大，但事实是，极少有谈判会从头到尾固定在一个区域，情况总是不断变化。如果谈判者希望成为灵活的多面手，以能够应对各种情况，他就要掌握这 14 项高招。

随堂案例
对方临阵换将，客户经理措手不及

一位南非 IT 外包公司的客户经理与公司最大的客户安排了一次会议，打算讨论客户的服务使用情况。他还准备与客户商讨哪些服务的质量可以继续提高，并为下一年的合同谈判开个头。他相信公司的服务已经达到客户标准，而且双方关系良好，有机会深入合作。

他所任职的公司叫 Sedex Serve，一向以与客户建立高度合作的关系和签订长期服务协议而自豪。这名经理的交际能力很强，很有个人魅力，符合公司和客户的要求。去开会的路上，他接到客户的电话，说 IT 业务的直接负责人称病不能出席，但 IT 总监能够参加。客户经理同意了。

会议刚开始，IT 总监就提出诸多要求：折扣、服务创新、提高质量，同时还规定时间期限，下了最后通牒。他说自己的公司送去了大笔利润，却没有得到 Sedex Serve 的足够重视。他还说，糟糕的 IT 服务已经影响到公司的竞争力。

面对这些反馈，客户经理竭力想安抚客户。他觉得自己必须回应，于是运用了手里的一切权限。他承诺为客户分配更多资源，提高服务的响应速度，提供 85 折，甚至还延长了账期。

压力、潜在风险加上对方有权利终止合同，这一切导致客户经理全线溃败。他经验丰富而且头脑灵活，一向以谈判高手自居，可很少遇到如此强悍的客户。他没有预料到这种情况，因此没做准备，无法适应高压环境。他没能保持镇定、记下笔记或叫停谈判，而是轻易就屈服了。这次谈判损害了他的声誉，也让 Sedex Serve 在这家客户身上损失了每年 200 万美元利润。

对大多数经理人来说，这种事情未必经常发生，然而我却碰到不少类似案例，得到充分授权的经理人没有掌握全套必需的谈判技能，没有能力应对"谈判钟面模型"上的各种状况，因此陷入被动，损害了自己谈判的利益。

最大的价值潜藏在谈判钟面模型的左半边，这半边的挑战更大，因为谈判更加倚重双方关系，待谈事项也更为多样。由于存在长期合作的机会，因此双方的互赖程度提高，至少需要一定程度的信任与合作。

然而世界不总是理性的，双方存在互赖关系，未必意味着合作就顺理成章。力量会给个人和组织造成意料之外的影响。在所有类型的谈判中，让气氛充满难以置信的竞争意味的正是人的心态。因此，如果想达成可持续的协议，我们必须深入理解并掌握谈判的各种技能。

小心！对方正在操纵你的脑袋

谈判应该先思考，再行动。如果没有考虑清楚，表现就会大打折扣。某些情况下，这一招与第 4 章讲到的"镇定"很相似。

双方的谈判策略不同，冲突的程度（无论是你的主观认识还是客观事实）也会不同。无论谈判落在钟面的哪个区域，面对冲突时保持思路清晰，对每个谈判者都很有帮助。

遇到压力型谈判时，要冷静思考，继续把重点放在交易上，不被对方的举动分散注意力。这的确很难，然而正是这项能力帮助你在谈判桌上作出恰当的行为。

假如对方告诉你，你的开价简直低得可笑，如果你的情绪因此受到

影响，你还怎么准备备选方案、想出新颖的解决办法？更别提塑造合作氛围了。如果此时离开，就像拳手被击倒后再也爬不起来。你必须整理思路，驱散一切不良情绪，否则你会失去理智，表现不出最佳水平。

冷静思考也意味着把事情想清楚：如果对方想让你感觉到是你不懂市场，你要作出让步，别让他们得逞。拿不准合同就先退场，考虑清楚后你可以随时回到谈判桌前。除非你理解条款的真正含义，否则绝对不要答应。确保在同意之前不漏掉任何东西。

面对冲突时冷静思考，这还意味着如果有人企图操纵你的想法，用傲慢态度对付你，你要明确表示反对，除非你出于利益考虑，希望对方认为你被操控。看清对方的用意何在，重申自己的立场，让他们多说话，用这种方式控制局面。或许你会感到很不舒服，但这会为你赢得尊重，而且谈判过后你不会因"默许"而后悔。

思路清晰，才能掌控谈判。不断确证、澄清事实，是谈判继续的条件。你可以通过提问控制会议步调，减缓协商进度，抛出让对方费神的**霸气声明**。例如"我很清楚，你们必须月底前卖掉，对吧？"对方要么否认，要么确认或辩解，三者必居其一。无论答案是哪一种，你都会更加了解形势，也会确认是你在掌控会议。

🎯 关键词

霸气声明（Power Statement）：这是一个陈述句，在你的潜台词中，它是事实，表明对方对你十分依赖。

当面临危机或严格的时间限制，而你有责任把这件事完成的时候，你会感到巨大的压力。压力大小不同，思维的清晰程度也会受到不同影响。能否适应这种局面，将决定你在谈判桌前的表现。**头脑清晰也意味着把重点一直放在谈判目的上，这是其他谈判能力的基础，没有它，后面所有的技能都会受到影响。**

"老好人"谈不成大交易

在所有谈判行为中，这一条最具争议，也最易引人误解。如果有人认为人们拥有相同的力量、伦理观或动机，那么这条谈判行为会让他们真正面对现实。谈判是一个过程，人们控制需求，管理需求。**如果人人都是开放和公平的，谈判根本无需存在。**

谈判没有公平可言。你要把焦点放在谈判目的上，因此思路不能受到追求公平的影响。每人都有引导人生的价值观，社会伦理和商业伦理中都包括了公平，就连政客也在谈论更公平的社会。可是，在谈判中你无法客观地衡量何为公平。对你公平的，对别人未必公平，因此你不该把它当作寻求共识的基础。

然而，当双方需要平等协作与长期合作时，公平的感觉就很重要。可公平是个主观又相对的概念：你给这一家报价 40 英镑，因为一直以 45 英镑的价格买货，所以他们觉得这个价格很公道；你给另一家也报了 40 英镑，可他们从没采购过类似产品，心理价位是 35 英镑，因此他们不满意。谈判中相对的概念随处可见，比如涨价、条款变动，或是工会为了探讨涉及会员利益的条款变动是否公平而重新谈判。

该不该折中？

尽管大多数人心怀纯真的期望，可资本主义从来就不是为了公平而设计的。话虽然刺耳，可生活中的确少有公平可言，人们很少得到理应得到的东西，你谈成多少，就得到多少。在谈判中，如果期望市场是公平的，那你只有失望的份儿；如果只因为喜欢与人公平地做生意，你就会付出相应代价。然而当你确信对对方的公平肯定会有所回报时，这种公平对赢得并维持信任就不可或缺。这不是要你不顾公平，而是你不该让思想被公平感掌控。

公平并不是解决冲突的办法。比如说，每次分歧都采取折中方案，这不是谈判而是妥协。对方主动折中，通常意味着他们可以接受五五开，再争取一下，他们就可能让步。重要的是，与其匆匆接受对半分的交易，何不提出成本更低的新方案？追求公平的心理往往让经验不足的谈判者接受五五开的折中方案。因为这有种"公平的感觉"，可他们应当提出让己方成本更低的解决办法。

最大限度地争取利润并不代表需要损害对方利益，不等于你多拿，对方就会少拿。把公平的概念先放在一边，只是为了让我们充分关注其他技能，而不是选择一个简单的做法，做出不必要的退让，同时辩解这是出于公平。谈判是个艰苦而有回报的过程，简单的折中方案极少是最好的解决办法。

无需改变价值观

控制、自省、做不情愿的事，一切都源自对公平的深刻理解。理解并适应谈判中的情感压力，会帮助我们争取最优解决方案，而不是简单地以公平结尾。想出色完成谈判，你不需改变指引人生的价值观，只要理解这些观念在谈判中如何影响你的感受、情绪、行为和表现。

你越想公平，对方就越容易占到你慷慨性格的便宜。你给出一点儿，他们就想要更多，因此所有交易都应该有附加条件。多数人的价值观与你不同。他们可能比你更需要这桩生意，或者只是对生意手段的看法更加麻木和不理性。有一点确凿无疑：他们的目标就是利润最大化，如果你大开方便之门，就相当于损害自己的利益。

有悖情理的是，谈判中秉承公平原则的人，反而会被认为不公平。例如在 4：00 的压力型谈判区，一方为了公平，决定只满足心理价位，不过多争取。为了不冒犯对方，他们的开局价格十分合理，但对方还会要求更多让步。这样一来，因为开价就是底线，所以他们只有两个选择：要么亏本，放弃利益；要么坚守立场，拒绝让步。这种行为会给对方造成固执和不够公平的印象，谈判很可能陷入僵局。坚定不等于粗鲁，强悍不等于凶猛，被人喜欢未必等于受人尊重。压力型谈判中，"好人"一般谈不成好交易。

沉默真的是金子

在 4：00 的压力型谈判区域，双方立场必定冲突，一方得到，另一方必然失去。这是非赢即输的游戏，例如一方开价十分苛刻，而待谈事项又很少，另一方就会拒绝这个开价。紧张气氛会接踵而至，双方还有可能变得很情绪化。这种反应有时是故意为之，有时却是自然流露。

在自我控制之下，你可以保持镇定、拒绝让步。这些行为可能被看作傲慢和不合作。但是想让对方改变立场，自控和沉默是最有力的武器。谈判不是多说，而是多听。仔细倾听是为了理解他们的意思，试探他们的意向，看看他们愿意做出多少让步。你应该让对方：

◆ 推销他们的提案；

◆ 解释立场；

◆ 说服你相信所有好处；

◆ 解释为何需要"今天"谈成交易。

在恰当的时间，为调整对方的心理预期，开出一个极端却不脱离现实的条件。谈判中，沉默是金，保持沉默需要自我控制，并管理好随之而来的不适感。你不可能在边想边说的同时完全掌控想传达的信息，如果你没有准备提议，要么提出问题，要么就保持沉默。

让对方开口，关注他们说了什么，而不是一心想着作何反应。这个做法很简单，可很多人会觉得非常纠结，因为这让人感觉很别扭，而且有违我们做个好相处的人或"招人喜欢"的社交准则。

狮子大开口

在谈判开局"狮子大开口"，即提出一个颇为苛刻、极端的条件其实很简单，这甚至与普通的提议没有差别。然而，由于担心被驳回，多数人会觉得很不自在，无法保持镇定。本该说"我的开价是 50 英镑"，结果却变成"我觉得 50 英镑差不多"，对方会立刻发现存在谈判余地。如果这东西对你而言价值 100 英镑，那就开价 50 英镑。虽然明知会被拒绝，但谈判就是如此。

你无法改变或驱散这种不适感，因此你需要习惯它，或找到方法适应它。把它想象成一个你要参与的过程，这个过程会帮你做到以下 3 点：

◆ 恰当开局；

◆ 还价，拒绝对方的条件；

◆ 让对方感觉成交条件超过预期。

当对方陷入沉默而你认为应当回应的时候，请务必闭嘴。为了消除不适感而立即让步，你会付出相应代价。开口太早，就容易让步。如果没什么可说的，那就什么也别说。他们要考虑，就让他们考虑。为了填补沉默而开口，你很可能说出更多信息，甚至暗示对方仍有谈判余地，这样一来，结果往往是你做出让步。

在更需要创意的谈判中，要坚守立场，自律极为关键。请记住，对方已经做好充分准备，打算获得最大限度的利益，他们愿意为之使用极端手段。你要从容面对沉默。直视对方，一言不发，让他们知道，该开口的是他们自己。

在 4：00 的压力型谈判区域，你的任务就是尽可能贴近对方的**底线**，达成交易。第一步是要做好准备和计划。这将为整个谈判定下基调。开局条件应该很苛刻，让对方无法接受，但也不能极端到让对方拂袖而去。如果你的开局条件太离谱，对方会认为你在浪费他们的时间，根本没认真对待这次谈判。开局条件应当现实到可以改变对方的期望。

例如，你想花 200 块买一件商品，对方开价 300，你会根据情况砍砍价。可是，如果你开口就是"25 块卖不卖？"，除非有极特殊原因，否则对方很有可能不再理你，因为这与对方的价格底线相差太远。极端但依然现实的开局是为了影响对方的期望值，可如果对方认为受到了冒犯甚至侮辱，基本上都会拒绝谈下去。当然，怎么做还要看具体情况。比如你开口还价到 105 块，然后逐渐加到 135、150，最后以 155 块成交，尽管最初的还价也没什么吸引力，但对方会觉得这样更加现实。

开局应当给自己留有余地，以便根据对方的反应做出调整，但切忌太过极端，以免毁掉谈判，再无达成共识的机会。苛刻的开局是为了创造一个"锚点"，作为后续谈判的基础。如果能控制公平感，调整不适感，那么你也可以做到极端但合理地开局。假设对方依然肯与你协商，那你就已经掌握了主动。当然，前提是你的开局没有突破他们的底线。

关键词

底线（Break Point）：谈判触及对方底线的时候，对方宁肯终止谈判，也不会接受；触及你的底线时，由于你有更好的选择或最优备选方案，你就无需接受对方开出的条件。

开局必须现实，否则你将失去合作可能，对方会认为你太离谱，随时叫停谈判。因此，开局条件要做到让对方没法接受，却又不至于终止谈判。为此你需要：

◆ 开局的时候控制住自己；
◆ 说出价码，然后闭嘴。

坚决的态度会进一步确保对方仔细考虑。开价的语气要确凿无疑，不要说类似"差不多""在……左右""我希望……""我们觉得……"的软话。推销自己的立场或解释辩护也会破坏你的开场。

有个小花招叫做**专业假面**，就是不必说话，用身体语言清楚地表达你的惊愕，这是一种影响对方期望值更强有力的方法。表情能传达的信

息比语言多。但不要嘲笑对方，因为对方会预料到这种反应，而且这很容易招人反感。

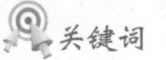 关键词

> 专业假面（Professional Flinch）：听到对方的开价之后，用表情或身体语言表现你的惊愕。

对于对方提出的极端开局条件，你可以附加一个同样离谱的条件来反驳对方。比如卖家说："价格是 150 英镑（之前的成交价格是 100 英镑）交货期为 1 个月（货期通常为一周）。"你可以这样说："可以，但条件是 3 年分期付款，质保期也要 3 年。"

谈判中你永远不需要说"不"。你可以一直用这种方式来组织待谈事项：你说"可以，我接受"，却依然能换得更好的条款。只需加上与点头应允同样代价的附加条件。

此外，切记永远不要在谈判中撒谎。如果能透彻理解谈判，你就会知道根本没这必要。提出极端的开局条件只是个手段，而且通常是用在压力型谈判中。开价 50 块钱并不是撒谎，你只是提出个价码，告诉对方你愿意花多少钱。

在艰难的砍价大战中，你要当心一点：你可以拿到非常合理的价钱，但交易总体价值却很低。千万不要钻了价格的牛角尖，忘了其他可能导致糟糕结果的谈判因素。

一位古董钟表收藏家在古玩市场上看中了一个做工精美、看似价值不菲的古钟，但售价却低得不可思议。卖家说钟不走了，需要花点钱修理修理。由于价格太诱人，这位收藏家还是买了下来。这桩买卖是 5 年前的事情，如今这个钟修了 3 次，修理费与买价差不多，而且每次修完都走不到一个星期，只能干放着。如果事情好得不像真的，那多半就不是真的。

摸清对手底牌

遇到压力型谈判，你应该先设定底线。也就是说：

◆ 过了底线，你就要采取备选方案；

◆ 过了底线，你就决不能接受；

◆ 过了底线，你宁肯放弃也不会再谈。

这不是你的目标，只是个临界点，它唯一的作用就是防止你答应不合理的条件。在压力型谈判中，你的任务就是尽可能在对方的底线处达成交易。

你首先要做的就是努力找出对方的底线，然后在贴近底线的地方，提出极端却依然现实的开局条件。他们肯定会拒绝，这都在意料之中，没关系，流程如此。让他们攻击、批评、因你表现出的"不理智"而变得情绪化吧。对方越是这样做，你的"锚点"就越牢固，因为他们已经开始考虑自己能接受什么条件，以及如何说服你也接受了。

谈判落在4：00区域的时候，谈判者的任务就是找到对方的底线，尽力把交易拉向他。底线可能是个价格，也可能是某种条件，过了这个底线，他们宁可走开也不再与你谈。

看穿对方的心思，找出其底线，此时"直觉"这个素质就派上用场了。然而直觉还意味着你要掌握一个度，因为每个人的情绪承受能力不一样。没有受过训练的谈判者多半不清楚自己的底线，因此很容易根据心理价位过快地做出决定。

试探对方底线，也就是搜集信息、提问、观察并解读他们的动作，基于这一切对形势作出判断。你会看清他们有多需要这桩交易，愿意做多少让步。时间也可以助你一臂之力，当谈判持续了数周甚至数月，大多数人会选择接受开始根本不会接受的条件。有时谈判过程本身就会瓦解对方的意志，可能是他们的备选方案行不通，或是他们觉得花在谈判上的时间和精力太多，索性答应了你的条件：有时情势的变化会带来更多选择，因此影响谈判的进程。

有些人会在重压之下屈服，完全忘掉自己的底线。想想看，有多少人在拍卖场上喊出远超心理预期的价格，只因为受到热烈气氛的影响？

以通过向自己提问，了解对方的底线：

◆ 他们的提案属于什么类型？

◆ 为自己的行为辩解时，他们用了哪些词语？

◆ 他们有怎样的时间表？

◆ 他们的让步或还价力度有多大，频率有多高？

这些问题能帮你摸清对方的底线。他们的开价和对你开价的反应都能透露其心理价位。**压力之下，人们说的话往往与要表达的意思相反，而且根本意识不到。**比如他们说"我们之前为此每小时支付 60 英镑，这次绝对不会"，其实这话不是说给你听的，而是他们自己。不过就连他们自己也不相信这话。正是他们的否认透露了秘密，因此你要仔细听。如果没打算接受 60 英镑一小时的价钱，他们压根就不会提这事。

对方也经常说，"我对你的提议不感兴趣，再提点更好的条件吧。"他们会告诉你备选方案，有时还相当可信。但是，真正揭示真相的是你用什么提问方式验证对方的话，以及他们给出的答案和原因。

你可以通过制定最优备选方案来设定自己的底线，以防谈判陷入僵局。另一个方法是善用时机，假设你没有时间压力，可以等待更成熟的时机，或是外界形势出现更有利于你的变化。对于另一方，市场状况、竞争对手的活动、其他供应商（或客户）的情况等因素都可以帮助他们制定自己的最优备选方案。你还可以回顾你们之前制定的协议，寻找他们的底线。你可以做市场调查，与他们的竞争对手沟通，最终找到他们的底线，看他们在什么情况下会离开谈判桌。

要记住，和你谈判的是人，不是公司。对方面临的状况独一无二。

时间限制、供应情况、数量、便利程度、时机等诸多因素都会影响他们的决定。由于形势不断变化，今日的决定很可能与昨天不同。如果谈判事项很多，你要做好准备，站在对方的角度，理解每件事对他们的价值，以及他们对相关条件的接受程度。

搞清楚哪些问题对他们意义重大，哪些问题他们打算灵活处理，你会更准确地判断对方的底线。你可以根据他们对提议的反应作出判断。要验证你的假设，最好把它们当作事实说出来，坐等对方的反应。

我觉得价格要再高一些

仔细观察对方，抓住微妙的信号。注意这类言辞："嗯，这个价比我们预想的低""我可不能降那么多""我觉得价格要再高一些"，这表明他们已经开始调整心理价位了。身为全能型谈判高手，你的关键任务是看清对方的立场、优先顺序、兴趣、压力和需求，最能影响谈判事项价值的正是这些因素。

信息就是力量，一个确凿无疑能为你增加力量的方法就是仔细倾听，了解对方的真正立场。他们达成交易的需求有多迫切？手上有多少备选方案？是否需要迅速敲定协议？我们的所见所闻中，有太多东西值得琢磨。"钻进对方的脑袋"与"跳出自己的世界"同样重要。我们需要有意识地关注对方，而不是专注于自己的想法和感受。

> **关键词**
>
> 信号（The Signals）：指的是对方的言行，以及这些言行在当时情况下代表的意义。

倾听，只能读懂对方的一部分。当他们为自己的立场辩解时，你要仔细寻找他们行为前后不一致的地方。他们说得越多，就意味着越不自信。

如果他们开始推销这个方案，说明他们没有底气。记住，这个道理对你同样成立，对方也会这样观察你。这时，你应该：

看看他们的提议是否理直气壮。 抓住"软话"，比如"我想找 500 英镑左右的，可以吗？"这就不够理直气壮。一般来说，暗示不会如此明显，但从他们提建议的方式上，仍然可以看出蛛丝马迹。要努力听对方的讲话内容，也要关注他们的说话方式，仔细听的价值远高于你不得不开口。

注意对方提出的问题。 例如，他们问你今天能否拿到现货，或是你能不能付现金时，别急着回答问题，想想他们为什么这么问，或许你还可以反问对方——为什么这个问题对你如此重要？如果你满脑子想的都是该如何做，你就会错失良机，无法验证某些因素对他们的重要性。

听明白，想清楚，然后再开口。 对很多人来说，这个仔细考虑的时间很不自在，可你需要时间来消化新信息。如果对方是卖家，开价 500 英镑，那么他们的底线可能是多少？回应之前，先想想这个问题。通过倾听收集有助于谈判的信息，而不是把时间花在思考该如何应答上，这种能力在很大程度上取决于谈判者的好奇心。

面临压力或沉默的时候，很多人就忍不住想说话。抑制这种冲动是非常重要的谈判能力。学会闭嘴，真有话要说的时候，或是准备推进谈判的时候再开口不迟。总之，说或不说都是你有意识地选择。

准备时间比会谈时间长得多

谈判的成功度与准备时间成正比。计划过程可以很简单，比如只拟定日程表；也可以很复杂，比如有诸多利益相关者参与的、遍及世界各

地的多轮谈判，就需要制定详细的战略和战术分析。我必须强调一点，
做好谈判计划极其关键，但很少有人重视计划，他们总以为没有计划也
可以谈得很好。我会在最后一章更加深入地讨论这个问题。

全能型谈判高手知道，忽略了计划和准备，后果可能相当严重。洞
察力、备选方案、自信心、谈判方向、知识和控制力，这一切都可以从
妥善准备中得到。谈判者绝对不能临时抱佛脚，对于很多人来说，自傲
心态是导致准备不足的主要原因。他们自认对谈判或双方关系了解充分，
于是不作计划，或草草了事。大家都在压力下工作，由于总有更紧急的
事情，作计划的时间往往被压至最少，甚至忽略。你必须留出时间作计划。
一次次的事实证明，谈判高手一定会事前计划。他们的计划包括：

◆ 会议应该在何时、何地召开？

◆ 谁应该参加？

◆ 制定怎样的议程？

◆ 需要哪些信息？

◆ 如何开场？

◆ 开局提出什么条件？

◆ 何时开始讨论？

◆ 该问什么？

◆ 怎样回应对方？

"钻进对方的脑袋，看穿他们的想法"，要从作准备开始。预测谈判
事项对对方的价值，估算形势变化会如何影响他们对合同的看法。谈判
开始前，仔细审视每一条待谈事项，透彻理解所有信息，想好问题。切
勿跳过这个阶段，因为你一定会得到回报。

做好笔记，下次作计划时就会轻松一些。准备过程中，你可以请一
些"参谋"，看看你的想法能否站得住脚。邀请别人加入准备过程，不仅
能让你更主动地准备，还能得到意想不到的建议和方法。

制定谈判议程，列出可以"有条件同意"的事项。计算每条待谈事项中可能涉及的"单位价值"，以便与对方谈条件。你可以从构思开局条件开始，也可以回顾以前的合同条款。仔细研究谈判内容，让各种事项和条件渐渐清晰，这会增强你的自信心，让你表现更出色。

有些谈判的准备时间可能长达数周甚至数月。即使是普通谈判，也应该尽可能留出更多准备时间，仔细研究谈判事项、价值和可能性。准备和计划会帮你培养洞察力、建立自信心、对谈判的结构和进程了然于胸，加强你的掌控力。计划是谈判不可或缺的一步，绝对不应该忽略或轻视。

从战略层面看，在计划和准备阶段，你应该安排相关事件的顺序，作好利益相关方之间的沟通，规划提案的整体框架，还要根据策略，想好"锚点"如何设置。关于这一点，我们在第9章会详细讨论。

独到的 STROB 提纲

2007 年 3 月，一位英国政府官员承认，他最大的遗憾就是在入侵伊拉克之前，没有质疑大规模杀伤性武器是否存在。他承认，更多的问题会带出更多的答案，而这很可能改变历史。

全能谈判高手会使用 STROB 提纲（即谈判空间 Scope、条款 Term、风险 Risk、备选方案 Option、障碍 Barrier 的字头缩写。——译者注），提出开放式的问题了解对手，确保各方面都清清楚楚。这个结构化的方法能帮你获得更多信息。

谈判空间 试探对方的限制因素、想法和授权程度。

条款 找出他们想要的条件，动机何在。

风险 找出对方面临的机遇和风险。

备选方案 推测他们的备选方案。

障碍 预测对方会在哪些地方提出反对意见，在什么时候提出敏感问题。

在准备阶段，全能型谈判高手会针对以上 5 个方面想好开放式问题，帮助自己打开思路，收集更多信息，深入了解对方。他们会：

◆ 考虑拓宽谈判空间的可能性，可能巩固也可能限制双方关系。合作期限、互赖程度、风险等因素能进一步拓展谈判空间，帮你获得最大收益。

◆ 列出你认为比较重要的条款，想清楚这些条款对对方的价值。其中包括对方的基本需求、关心的问题、谈判者个人表现的考核标准等。

◆ 列出可能被你或对方视作风险的一切问题。如时间限制、第三方关系、市场假设等。

◆ 万一谈判出现分歧，对方会有哪些备选方案？把你能想到的都列出来。陷入僵局的时候，他们会怎么做？

◆ 把双方有可能提出的障碍、议题或反对意见都列出来。

STROB 提纲的使用方法是把上述问题按重要程度排序，选出最紧要的 10 个，在谈判初期的试探阶段提出。

提问的时候，开放式和封闭式的问题都可以用，也可以使用一些设问和假设。但切忌摆出审讯对方的姿态，那会招致怀疑甚至抗拒。

你也可以使用"如果……会怎样？"的问法，来确定对方对不同情况的反应，在收集信息的阶段，他们面对风险的态度也会对你很有帮助。你也可以用以下问题判断对方对某些事情的重视程度，"如果我们订 4 万件会怎样？""10 万件呢？""如果订 60 万件，又会怎样？"通过这些问题，你可以判断订货量对他们的意义。再进一步，你可以用这个句式来询问时间、付款条件和其他待谈事项，试探对方的成本结构、比较容易同意的条件、何处谈判空间较大。

因此，在计划阶段你应该准备不同类型的问题。这会让你掌控谈判。如果提问的是你，那么你既可以引导讨论，又不必尽提供信息的义务。

如果他们不愿意回答，就换个问法，但有一点要当心：你的提问方式可能无意间泄露你的兴趣点。全能型谈判高手自信可以灵活运用问题，并使用各种提问方式获取最有用的信息：

寒暄型　帮你建立和谐的气氛，比如"最近怎么样？假期过得好吗？生意怎样？"

试探型　收集更多信息，"你对竞争对手最近推出的活动怎么看？"

疑问型　鼓励对方为他们自己考虑解决方案"为什么这件事对你们很重要？"

前后对比型　挖掘细节，"A产品推出后，生意怎么样？新的推广活动开始之后，情况有哪些变化？"

追问型　挑战对方，"我们还能怎么做？你具体是怎么考虑的？你说……的时候，指的是什么？你为什么如此确定？"

征求意见型　验证他们的想法，"你觉得……怎么样？你对……是怎么考虑的？你对……怎么看？"

假设型　有助于验证对方的想法，"我们订500个会怎样？如果我们承担所有成本呢？如果我交预付款会怎样？"

总结型　验证对方的理解程度，同时总结刚谈过的问题，"所以，你觉得我们应该推出这个新产品？你认为这项产品会达到……目的？你的意思是你们可以做到？"

促成型　促使对方认同，"我们何时启动，5月还是6月初？我这个月的第一周或第二周可以交货，你觉得哪个时间最好？费用多少？"

反问型　反问回去，确定对方的话，比如对方说"我们认为可以做到"，你就问"你们认为可以吗"。

引导型　得到你想要的答案，"情况是……你不能否认吧？事实是……不是吗？你不会这么说，对吧？"

设问型　这种问题其实在暗示你已经知道答案，并不需要对方回答，效果是让他们不要开口，"我们真的要这么做吗？怎么会出现那种情况？"

多重型　得到一系列问题的答复，"你说你可以在期限内完成？哦，对了，你们还可以按照我们的规格做是吗？可以做到的，对吗？"

封闭型　获得确切的信息，"这个你可以做到吗？你们有能力完成吗？你能达到我们的要求吗？你需要帮助吗？"

每一次让步都争取"净利"

每一桩交易都应该经过深思熟虑，并伴有附加条件。

交易的目的在于获取更多价值。谈判中没有定规，你可以提供任何对方认为有价值的东西，互利互惠。无论他们想要什么，只要用你想要的东西作为回报就行了。每一桩交易都应该给你带来净利润。在实际情况下，你当然希望权衡每一个交换条件，交换带来的价值应该超过单纯的金钱价值。

设想国际球员转会的情景。参加谈判的人有球员的经纪人和俱乐部老板。谈判议程包括转会费、签约费、合同期限、薪资和奖金、与球员表现相关的激励条款，还有球员应尽的义务。条款中还可能包括薪资如何与出场次数挂钩、目标进球数、球员可否代表国家队出赛等。每个问题都属于"有条件的交易"。俱乐部希望选中的球员为自己带来最大的利益，而球员想拿更高的薪水，或是签下比较灵活的个人条款。每条待谈事项都能调整，这是谈判的一部分，这个过程就是让步交易。

在准备和提问时，你需要挖掘对方重视的是什么。这样一来，你就可以提出对你来说成本最低、却对他们有价值的让步条件，从他们那里获取价值。这听起来理性、公平又透明，可事实往往并非如此，因为对方给你的是他们不得不给的，而且往往是对他们来说成本最低的。

如果想评估自己能得到什么回报，就要弄懂对方提议的隐含意义。不要只盯着价格，当你把眼光放开、关注交易的整体价值以后，创意会为你制造奇迹。

切记，让步时先提条件，因为对方总是听到想听到的东西。如果你先答应让步，后说条件，对方可能把后面的话屏蔽掉。你可以说："如果你……那我们就……"这样你被打断的几率也会小一些，因为他们还没听到自己能得到什么。

同样，你可以用"如果……怎样"的句式试探。例如，"如果我们把开工日期定得更灵活一点怎么样？这能帮你解决人手问题吗？"你并没有真的提出这个条件，只是在试探它的价值和对方的反应。如果对方愿意接受，你就可以把它当成交换条件，换取对方的更大让步。

谈条件的时候要放开思路，尝试创新。你可以问对方，"你们需要什么？"或是"我能做些什么，让你们得到更多利益？"这些问题直截了当，但太多人钻了竞争的牛角尖，或是只想着自己力所不及的事，忽略了重点。你可以运用这些答案构思下一步的提案。

你可以通过了解市场，或回顾你们的交易历史，弄懂某件事在对方眼里的价值，只有这样，你才能精明地开出条件。请记住，在谈判前的准备阶段，就开始考虑低成本高收益的交换条件，想好棋该怎么走。

慷慨会招致贪婪。世上没有免费的午餐，提出没有附加条件的提议，对方要么会产生怀疑，要么变得贪婪。

精于计算，而不是算计

随着谈判逐渐展开，谈判事项增多，交易的总价值或总成本也越发复杂。如果谈判事项相互关联，就更是如此。例如你要谈一个购买办公室家具的合同，有很多待谈事项。你的提议可能包括"减少首付款，我就答应缩短账期"之类的条件。为了掌控谈判进程，你要了解每个条款对双方的成本或价值有何影响。

你需要计算缩短账期给对方带来的好处，减少首付对他们又意味着什么。当然你也要计算这些条件对你的价值。数理分析能力能帮你理解对方的回应中隐含的意思，你也会知道下一步该怎么做。假设对方说："由于你把原先的 12 个月账期缩短到 9 个月，所以我们同意降低首付金额。"这对交易的整体价值有什么影响？现在你是否应该把这个问题放在一边，思考其他条件该怎么谈？想掌控交易、把握机会，就必须理解交易背后的含义。这并不是说你对数字反应要特别快，也不代表如果你想看透更为复杂的交易，必须有极强的推理能力。你只需确保自己清楚每个决策的真正含义。问题越是无形，其价值就越难衡量。比如：

◆ "主动退出"条款的变更；

◆ 帮对方介绍客户；

◆ 灵活的完工时间；

◆ 独家经销权。

要善用交换条件，获取最大收益，你就要懂得上述问题的价值。你的交换或许可能很低，但对对方可能意义重大。谈判中，你应该记下双方所有提议，以便监督每个问题的进程。回顾他们最近一个提案，分析它对你的价值。如今，很多谈判者会运用系统或表格分析"如果……怎样"的情境与提案跟进，这对于重新谈判的已签订合约来说格外有用，但前提是谈判事项与之前一致。

假使已经做到这些，你依然没算清楚数字，那也不必着急，暂时叫停，或请个精于计算的军师参加谈判。如果被数字弄晕，你肯定无法掌控谈判。不理解数字的意义，很容易做出令自己后悔的决定。

在商业社会中，谈判事项涉及资源、利益、优先顺序、偏爱甚至偏见，当然还有金钱。有形和无形的问题五花八门，每一个都隐含一定价值。如果不知道自己的提案会产生什么后果，你就没法控制谈判，所以你要确保自己了解每一个待谈事项的价值。

故意泄露一些"信息"

若想让对方认为你的想法的确对增加交易整体价值有帮助，并认真考虑你提出的方案，建立恰当的、互信的谈判氛围极为重要。记住你应该为对方的感受和谈判气氛负责，如果对方认为你的想法对互惠没有帮助，肯定不会喜欢。

如果谈判存在利益冲突，无论是客观存在的还是主观假设的，信任都很难建立，因为每一方都希望保护自己的利益。对方的心态可能不如你开放，也可能他们的力量更强，不需要这样，要知道一个巴掌拍不响。如果他们想一味地砍价，你必须做好准备，回顾并调整策略。你应该倡议双方着眼于更广泛的议题，以谈成可持续的合同为目标，而不是为了价格问题争得头破血流。

在可持续的关系模式中，即"谈判钟面模型"9：00 ～ 12：00 区域，至关重要的是打下这样的基础：双方互不猜疑，没有竞争心态，可以进行建设性的对话。拿出合作姿态，提出有创意的提案，使用能够促成讨论的语言，不要激怒对方，这需要你拥有谦逊的心态，放宽眼界，接受基于信任和尊重的双方关系所带来的长远收益。建立信任需要时间，因此你要耐心，然而如果你冒犯了对方，信任会瞬间瓦解。

在 4：00 的区域里，谈判属于压力型谈判，双方无需维持关系，你可以表现得很强势，但如果你和谈判对手高度互赖，你不仅要拿出合作态度，还应该意识到合作能让你们创造更多价值。追求最大利益的计划始终不变。此时，你的恰当做法就是与对方协作，当谈判进入 6：00 以后的区域时，适当地调整具体方法。

某些企业希望对方把自己看作商业伙伴时，会用合作关系来伪装，但终极目标几乎没变：追求最大利润。至于合不合作，取决于手里的力量有多强。

信任需要争取，要付出时间和耐心。你可以在认真考虑之后，适度地向对方透露部分信息。这个方法行之有效。共享信息对双方都很重要，这表示你做好了开放的准备，潜台词就是你值得信任。因此，精心设计应该透露的信息，这是准备阶段的重要工作。

营造恰当的互信氛围，或许需要你做一些与个性不符的事情，而有意识、有能力的谈判者通常会这样做。他们知道谈判必然涉及自尊问题，知道对方希望得到怎样的对待，因此他们会拿出合作姿态。他们对事不对人，确保谈判桌保持建设性的气氛，这有助于促成协议。

待谈事项直观图

谈判议程对双方而言都是相当有效的工作文档，它是全部后续的讨论基础，能够塑造并控制谈判的进程。双方可以清楚地看到有益于交易整体价值的待谈事项。

是否认可议程本身就是谈判。你在开局中提出某些议题，相当于在特别强调，因为你显然非常重视这些问题。如果双方能够正式认可，那么比起谈判中提出的问题，这些先摆出来的问题显然更重要。

进一步讲，在正式会谈开始前，双方先对议程达成共识，会让每一方都更有责任感。如果把议程强加给对方，他们很可能会提出质疑甚至嗤之以鼻。你可以草拟一份议程给大家讨论，询问对方是否要添加或调整谈判事项。如果最终双方达成一致，认为这份议程包含了所有待谈事项，讨论就应当在此基础上进行。这样就能避免对方在最后时刻提出要求，让你措手不及。万一遇到这种情况，你可以义正词严地说，新问题从来都不是议程的一部分，到目前为止的所有提案都建立在那份已经获得双方认可的议程之上。这一招不一定会屡试不爽，尤其当其他利益相关者参与谈判的时候，但它有助你坚持立场。

假设你想找个公关公司，候选名单上只剩两家，你决定展开谈判，选择能给你带来最大收益的一家。公关公司的质量很难评定，但你的议程中应该包括任何一份同类合同都应该有的事项。比如聘请定金、通知期限、合同期、服务范围、提供哪些相关培训、联络方面的要求、支付条款等。现在我们已经有了七个待谈事项，根据绩效、协议履行情况和风险，每一条都能引申出更多可谈的条件。议程范围越广，你考虑得就越全面，交易的可塑性就越强，最终你得到价值也更高。

诸如价格、费用或成本这些问题，应当安排到议程的中间部分。提得太早，会造成不必要的摩擦，可能导致谈判过早陷入僵局。但如果最后才谈，等到其他条件都已谈定，你的转换余地就受到限制，而且谈判很可能会回到 4：00 的压力型谈判区域。

有些人喜欢在谈判开始就公开所有提议，有些招标会议也需要首次提案就涉及所有问题。但是，就算你对这些信息特别感兴趣，也用不着立即给出反馈。因此有的谈判事项是可以更改调整的，在交易敲定之前，它的模样可能会改变很多次。需要同时商谈多个问题时，数量最好不要超过 3 个，再多对方就不容易听明白，而且更糟的是，他们还有可能把你的提案弄混。

当心对方故意抛出转移注意力的问题，或是把某些待谈事项暂时雪藏。他们是想借此取得筹码，用在重要条款上。对方提出新议题的时候，你可以质疑其合理性，也可以反其道而行，在这些对你来说成本较低的问题上让对方"赢"，把得到的筹码用在对你既重要又有价值的问题上。记住，如果你故意"输"一步棋，在某些事情上做出让步，就一定要提出相应的交换条件，并显出不情不愿的样子，让对方感觉到他们费劲九牛二虎之力才说动你让步。做谈判议程的时候，你可以画个**待谈事项直观图**来整理头绪，构思备选方案，让一切一目了然。

关键词

待谈事项直观图 (Issue Map)：用画图的方式帮你归类整理待谈事项，找出最好的解决办法。把待谈事项分组并实现价值最大化有多种方法。这种画图法可以让你自由组合各种可能，仔细考虑如何与对方谈条件。

就算趁会议开始前几分钟在白板上列出议程草稿，你也能给对方制造已经做好准备的印象。这有助于双方以更为合作的态度，探讨应该商谈哪些事项。

五花八门大谈判

创新思维能够推动谈判顺利发展。创新，也就是用从没考虑过或使用过的方式看待问题和可能性。把自己想象成雕塑家，用艺术的手法设计、塑造、修整。退后一步，从不同视角审视目前的进程。你要做的是利用原材料雕刻出价值更大的东西。创意型谈判者不会放过任何机会，他们把挑战看作创造价值的机遇。

如果你透彻理解了对方的动机和利益所在，能估算出待谈事项在他们眼中的价值，尤其是那些更为无形的问题，你就有可能提出新颖的建议，帮助双方从全新的视角看待交易。

创新型提案意味着你在积极寻找提升整体价值的机会，而且欢迎对方对每一个可能影响整体价值的问题提出意见，进行讨论。不过，若要进行这种讨论，双方必须形成某种程度的信任，力量也要相对均衡，否则对方很有可能把你拉回 4：00 的压力型谈判区域。如果双方势均力敌，创新思维能够顺利帮助你们创造更多价值。

我经历过一桩交易，开始只有 6 个议题，但第一次准备会议结束时，我们已经列出 57 个待谈事项，每一条都可能对合同产生影响。我们给这次谈判起了个外号，叫做"五花八门大谈判"。由于每个提议都有附加条件，因此我们在后续讨论将附加条件也列为待谈事项。

有时你必须明确告诉对方哪些问题很重要，否则就相当于没给对方促成交易的机会。谈判前详细的探询讨论会帮你们发现无数机会，制定完备的议程，反映出交易的方方面面，比如风险、绩效表现、质量、机遇、沟通以及与双方关系有关的诸多重要元素。

很多人在谈判中很难保持开放的心态并运用创新思维。竞争心理、自傲、自尊心等因素妨碍了心态的开放，导致出现以降低风险和求胜为目标的教条做法。

谈判可能存在冲突时，天马行空的创新思路会直接受阻。面临冲突，我们更容易未雨绸缪，保护自己。在另一个极端，也就是事情充满无穷可能的时候，我们会大胆尝试，发挥创新精神，而不是被不安全感所困。

在现实生活中，怀疑会妨碍思维开放。在寻找创新方案和保护己方利益间存在微妙的平衡点。这就像拼图游戏，你手边有很多相似的碎片，可只有一块能填进去，找到这一块往往需要时间和耐心。这一块虽与其他碎片同样大小，可只有把它放进去，一切才能天衣无缝。

咬碎牙齿，都不 SAY NO

你要把"不"、"不行"、"做不到"等想法统统除去，转换成"如何做到"。无论最初的挫折感多么强烈，你也要尽量忍住，别说"不"。谈判中的挑战和挫折感都是对我们的考验。让谈判陷入僵局虽然也是个办法，但只有在所有的方法都行不通时才能用。

和平谈判会持续数年，并购谈判会花上几个月，寻找共识和折中方案需要韧性。双方必须坚信，问题肯定有解决办法。"坚韧"这条素质帮助全能型谈判高手不断寻找方案，让商谈和双方关系走在正确的轨道上，让一度近于停滞的谈判取得成果。

第 9 章中的计划工具能让你直观地看到各项议题间的关联。如果能纵观全局，也能看到关联，你就有可能想到从没想过的解决方案。寻找解决方案时不要着急，而且要经常站在对方的角度看待交易。这事说着容易做着难，这需要你抱有积极心态，卸下防卫。尽管警觉无可厚非，但是如果能把猜疑暂时放到一边，积极寻找替代方案，你定会令自己大吃一惊。**有太多次，双方在谈判的最后一分钟找到解决方案。**

无论谈判处在钟面的哪个区域，全能型谈判高手的 14 个制胜高招都能帮你出色完成谈判。谈判方法如此之多，涉及的个人素质也多种多样，人们可以轻易选择符合自己风格的技能，或是用自己喜欢的方式谈判。
难怪那么多人觉得，要完美应对各种情况实在太难了！

关键在于你要主动意识到自己正在使用的方法，留意它们在谈判中
发挥的功效，借此提高谈判能力。当你认识到这些行为对谈判结果造成
的不同影响，你就向成为全能型谈判高手迈出了第一步。

大师点题

　　每一单生意、每一次谈判都独一无二。谈判双方对同一件事的价值会有不同的解读，下次谈判，这个价值又会发生变化。面对不同的谈判对手，双方关系会改变，甚至你的认识和想法也会随着时间改变。时刻谨记，全能型谈判高手必须灵活应对每一种局面。

　　一招打天下，肯定不会屡战屡胜。"谈判钟面模型"介绍了谈判的类型，这14条制胜高招告诉我们必须练熟哪些技能，见机行事。

第 6 章

情绪因子

心理上的一时之快可能毁掉整桩生意

手握 20 万促销额度的销售经理，经历了艰难商谈过程后，以 18 万的价格与客户签订促销合同，还使期望拿到 25 万促销费用的客户连声道谢。

对方之所以满意，是因为这一切是辛苦得来的。谈判越艰难，遭遇的挑战越多，双方就越看重承诺。

"谈判能有多难？又不是造火箭！"没错，
谈判不是造火箭，可它比造火箭更复杂，
因为它涉及最难预测的因素：人。谈判
者的情绪导致谈判极难预测。

自省能力不够的谈判者较难控制情绪，心思很容易被对方看穿。思
维更清晰、更理性的人会让情绪因子为自己服务，就像老到的扑克玩家。
全能型谈判高手通过观察你的一举一动，判断你的真实想法。经验丰富
的谈判者有以下特点：

◆ 很清楚自己要寻找什么；

◆ 思考问题时非常冷静；

◆ 能敏锐觉察谈判的微妙之处；

◆ 故意透露某些信息，引导你按照他们希望的方式解读。

行为必然引起反应，训练有素的谈判者算准了你对某些行为会有什
么反应，知道哪些信号最能影响你。无论有多少种战术、策略、待谈事
项，做决策的都是人，你要深入了解的也是人，尤其要理解你和对方在
情绪激动时的反应。机器的行为可以预测，打开开关，每次的反应都一样，
可谈判和谈判者却无法预测。

谈判者需要自律。从优秀的谈判者成长为全能型谈判高手的标志，
就是不仅能熟练运用谈判技能、战术和策略，还能认识到态度和情绪对

谈判结果的影响。控制情绪，你就可以清晰地做出决策。想"钻进对方的脑袋，看穿他们的想法"，你需要控制自己的行为和心智，还要把情绪和思考分开。人的行为在某种程度上是可以预测的，但当说出提议，特别是这些提议并不是对方希望听到的内容时，谁也不敢断定他们会有什么反应。因此，情绪因子是个吊诡的东西，但我称之为"因子"，意思是你能够在理解之后，对它进行管理并加以利用。

商界的许多谈判决策都会受情绪影响，大宗、复杂的交易也是如此。我并不是说这些交易没有经过深思熟虑和理性分析，但根据观察我得到的结论是，谈判中的提案和想法并不像你想的那么客观，情绪、自尊心、进取心都在决策中扮演重要角色。

当你经过深思熟虑，对情绪进行管控和使用，它就会在某些时候发挥作用：

◆ 计算出诸如离开谈判桌、陷入僵局、冒犯对方等风险时；
◆ 刻意想引发你想要的行为时；
◆ 需要告诉对方问题很严重，但确信这不会危及谈判进展时。

假如会议开到一半，你情绪爆发，威胁对方要终止谈判，这就未免过于冲动了。但如果你是故意释放情绪，就是想制造效果，要对方让步，那这个方法就很有用。但冒这种风险，你必须经过深思熟虑，算准对方的反应。如果我们任由自己的情绪影响决策过程，就会不自觉地被对方掌控，这时真正的危险情况就出现了。

钻进对方的脑袋，看清他们的想法

许多人在谈判中感受的情绪来自于不确定性、风险、欲望，甚至恐惧。这些情绪已经伴随人类数百万年，但是比起我们祖先的生活，这些情绪带来的危险已经没那么频繁，而且更多作用于我们的心理而非肉体。

于是历练少了，我们就更不容易适应，这意味着多数人即使面临很低程度的不确定性，也会不自在。对于受情绪驱使的谈判者，这会导致不明智的决策，得到不甚理想的谈判结果，所以理解人的情绪如此重要。

恐惧、希望、气愤、嫉妒和贪婪等情绪对今人的影响与百万年前同样强烈。如今，我们有更多心理学模型来解释是什么引发了情绪、人们该如何处理情绪，以及它们会对我们造成什么影响。然而在谈判中，当价格问题引发双方冲突，我们该如何处理情绪，如何面对它对思维和谈判表现产生的影响？答案是：发挥更强的自省意识。

谈判的确让人不舒服，但你代表公司参加谈判，等于拿了工资替人办事，就要承受这种不适。如果无法达到满意的结果，就相当于没有达到公司的期望。

压力讯号

为谈判做准备的时候，应该花时间研究双方关系、利益相关者以及沟通中的层级关系。人的因素在谈判中往往占据了极为重要的位置，以至于交易的绝对价值可以退居二线，排在人际关系之后。

谈判双方立场不同，而且存在竞争的张力，要应付随之而来的压力，你必须完全控制自己。从你公布提案开始就要自控，尤其当你觉得自己的提议不够"公平"时，即使这种感觉转瞬即逝。谈判不应受到"公平"二字的影响，可价值观仍会让你忐忑不安。

无论谈判中的压力感多么轻微，却总是难以抑制，它总有办法从你的身体语言中露出蛛丝马迹。提交提案或否决提案的时候，你心中的压力会透过行为表现出来。

提出建议的时候，你可能会摸摸脸颊、挠挠鼻子、撩撩头发，或是按几下手里的笔，双臂交叉抱在胸前，或是跺跺脚，这一切都会落在对方眼中，虽然大多数人根本没有意识到自己做了这些动作，对方却看得一清二楚。经验更丰富的谈判者能逐渐适应这种不适感，方法就是发挥极强的自我觉察能力，而且从客观事实出发，不做情绪的牺牲品。

如果你看到某位谈判者做出貌似烦躁的举动，这很可能并没有隐含意义，不能说明他在改变立场。一般来说，唯有动作的类型、速度、时机的变化与刚刚发生的事情相关时，身体语言才别有深意。如果你提出一个建议，对方马上做出反应，一再强调他们不会同意或不能同意，那就密切关注他们的身体语言，他们的情绪很可能借此展现。对方有可能真这么想，也可能不是。

如果谈判对手不止一个，就要注意观察他们身体语言或面部表情的变化。行为变化说明对方正在捍卫自己的立场。当他们摆明立场、拒绝某个条件或说明观点时，这一点尤为明显。要读懂对方的情绪，你需要：

◆ 仔细听他们说话的内容、方式，以及没说的东西；

◆ 仔细听他们是否在为自己辩护；

◆ 仔细听他们是否在努力说服你认同他们刚才的话。

全能型谈判高手会认真看、仔细听、解读表象背后的真正含义，这就叫做"钻进对方的脑袋，看穿他们的想法"。

你或许是个相当镇定的人，面临压力能够控制情绪。通常，眼前的形势会造成压力，或许还有对谈判结果的担忧。比如你的备选方案越多，对对方的依赖程度就越低，迫在眉睫的压力感就越小，会议中你就没什么必要对付强烈的情绪起伏。说到管理谈判时的情绪和压力，你可能认为自己足够镇定，心态十分平衡，仿佛稳稳地站在地上，可一旦形势突变，反应往往非常剧烈。

如果你或你方利益代表人十分焦虑，那么结果很有可能是你方妥协。压力和焦虑感会让你退让，或过早结束谈判。谈判中非常需要镇定，也需要客观平衡的心态，因为这是工作，不是私事。我曾合作过的一些情绪控制力强的谈判者会把人和事分得一清二楚。你是否同情对方并不重要，重要的是谈判结果。当然，如果对方喜欢你肯定会有帮助，可这不是你的目的。如果确信给对方留下好印象对建立信任和创造价值有好处，那你完全可以这样做，但是不要单纯因为"我就是这样的人，我就喜欢这样做事"而讨人喜欢。

与公司内部人员进行商业谈判所用的技巧与对外谈判相同，然而对内谈判需要我们更谨慎地处理人际关系，用更有建设性、更成熟、可持续性更强的方式积极寻找解决方案。如果两个部门负责人就资源、预算或项目时间表发生争执，照样会出现火药味十足的场面。这种争论很容易失控，因为两个火爆脾气的管理者会受不了部门之间潜在竞争的重压，无法从公司的最佳利益出发，专心解决问题。

对内谈判与对顾客或供应商谈判一样，都需要列清楚待谈事项，检查所有备选方案。如果情绪影响了商讨，客观的态度开始动摇，协议就更难谈了。

有学习意识，还要有应用能力

无意识、无能力的谈判者不知道自己的行为会造成怎样后果，他们通常谈不成太好的交易。在这种意识状态下，他们也不认为培养谈判能力有任何意义。**谈判者必须先意识到自己能力的不足，才会开始学习和提高**。成为更加出色的谈判者，关键在于你要有意识地使用这些谈判技巧，进入有意识、有能力的阶段。

当你渐渐意识到这些谈判能力的存在，了解它们的作用，你也会更清楚自己的短处。当谈判者可以随心所欲地使用谈判技巧时，就达到了有意识、有能力的境界。为了施展技能，他们聚精会神，积极思考。

这些能力还没有成为他们的第二天性，还不能自由发挥，需要谈判者有意识地使用。渐渐地，他们对这些技能的掌握极为熟练，已经可以无意识地使用。这种无意识、有能力的常见例子包括开车、游泳、打字、倾听和沟通。

然而这种高境界也有不足之处，因为它容易让人根据经验，作出过多假设。因此，我们最好停留在有意识、有能力的阶段。如果你与小孩子谈判过，比如他们管你要东西，你就会知道情绪上的勒索、爆发和固执多么有用，尽管有时你并未答应他们的要求。

📱随堂案例

会哭的孩子有冰淇淋吃

我儿子安德鲁 3 岁的时候，有一次来找我要冰淇淋吃。我对他说："现在不行，因为 10 分钟以后就开饭啦，晚一点可以吃一个。""可是我现在就要吃，爸爸。"他说。我又与他解释了一遍，告诉他晚些时候可以吃，我认为道理讲得很清楚，应该能说服他。可我儿子却尖声大叫："这不公平，我现在就要吃，不要晚点吃！现在就给，我现在就要！"而且眼泪哗哗地涌了出来。此时我开始心疼了，答道，"好吧，就这一次啊，别告诉妈妈。"

显然，我没有看透对方的心思，只待在了自己的脑袋里。他的情绪爆发对我十分有效，他得到了想要的东西。我本该拒绝他的无理要求，可为了息事宁人，反而给了他奖赏，这无疑开了个糟糕的先例。不用说，这肯定不是教养孩子的正确行为。从那以后，我面对孩子提出的要求，都会先仔细想一想。

借助沟通分析理论，达到有意识、有能力的境界

20 世纪 50 年代，艾瑞克·伯恩（Eric Berne）博士提出了沟通分析理论（Transactional Analysis，简称 TA），定义了几种自我状态。在《皆大欢喜》（*I'm OK, You're OK*）一书中，作者托马斯·哈里斯（Thomas Harris）分析了伯恩提出的这种状态，以及它们对沟通模式的影响。这几种自我状态包括：

◆ 父母自我状态（批判型和养育型）；

◆ 儿童自我状态（自由型和适应型）；

◆ 成人自我状态。

与人沟通，我们会不自觉地使用以上几种风格。两人的关系不同，表现的自我状态也不同。重要的是，在谈判中，这几种自我状态对应的语言和行为直接影响双方在讨论过程中的期望、尊敬程度、非理性举止、傲慢等态度。沟通分析理论也深入阐释了我们的沟通模式如何定型、谈判双方的互动关系，以及我们的思考、感受和行为方式。

生活中，我们渐渐顺应社会，接受身边人的态度和行为。我们甚至会接受父母的价值观和信仰，模仿他们的语气。"批判型父母"的语言模式是"非黑即白""非对即错""非好即坏"的二分法，极少有灰色地带。"你总是做错""你从不守时""你根本没听懂我的意思"，这些话语说明他们是对的，你是错的，而且判断权力在他们手里。

他们制定规则，做出判断，批评他人。你或许认为这是短视，甚至称得上傲慢。但它对于谈判的重要意义在于，你不能允许这种沟通方式影响对形势的判断。任何人都可能存在这种自我状态，随便找一群孩子，听听他们的对话，你一定会发现其中一个以批判的语气讲话，好像他就是孩子王，玩游戏时这种情况尤其明显。

长大后，这种批判型的语言方式典型地表现在性格独断的人身上。这样的行为带有无知或傲慢的意味，其隐含的意思是，此人只愿意相信单一观点，不愿敞开胸怀接受替代方案。这种直截了当的沟通方式就像在命令你该做什么、不该做什么、能做什么、不能做什么，好像他有权力控制你的需求。

谈判中，有人会有意使用这种手段掌控局面。当"批判型父母"固执起来，拒绝灵活行事的时候，他们的语言中好似有种力量，让你很难与之理论，如果他们的谈判力量强于你就更是如此。他们很清楚这一点，而且必定加以利用，有时是无心插柳，有时是故意为之，但目的都是控制你的期望。

结果就是谈判的另一方很可能妥协，不由自主地站到"批判型父母"的对立面，变成"儿童型"，无奈接受对自己不够有利的谈判结果。

然而，父母也是关心和爱护孩子的，伯恩说，这种自然的心态不仅体现在父母自我状态的人身上,同时受"儿童型"的操纵。"养育型父母"喜欢给人建议,指导别人,他们想得到尊重,希望被依靠。他们喜欢保护他人,所以只要有"儿童"尊重他们并寻求帮助,他们很容易给出积极回应。

儿童自我状态有两种类型:"自由型儿童"和"适应型儿童"。"自由型儿童"在沟通中非常主动,富有创意,热爱有趣的事情;"适应型儿童"则比较叛逆,喜欢操纵别人。

这些行为、想法和感受源自童年时期,长大后,它们会根据外界情境在我们的沟通模式中逐渐显现。结果导致别人制定的规矩让我们产生束缚感,也不敢挑战权威。孩提时代的情绪会深植于记忆:"这不公平""这不是我的错""看看你都让我干了什么""求你啦,求你啦……""我现在就想要"。"儿童型"会推卸责任,有时候喜欢操纵别人,有时又俯首帖耳,但这些行为都受周围人的影响。不过,不要把孩子与"儿童型"混为一谈,孩子与同龄人玩的时候,有时非常像大人,只是在与大人一起时,行为才完全不同。

谈判中,如果你的行为属于"父母型",那么对方会相应地做出"儿童型"的反应。如果你发现自己正面对一个"批判型父母",恰好他在谈判中还占了上风,那么,你与其也选择做个"父母型"与他对抗,不如做些什么唤起他"养育型"的天性。两个"父母型"的对抗实际是在抢夺地盘和控制权,这非常容易伤害双方关系,导致谈判无法进行。

如果你采取"儿童型"的沟通方式,主动示弱,询问能否得到他们的帮助,绝对可以成功操纵他们的自我意识。他们可能会更加强势地掌控谈判,然而,一旦"父母型"发现没有争斗的必要,而你在寻求帮助,他们心中"养育型"的自我状态就会被触发,往往变得更加宽容。

在成人自我状态中,我们更容易客观地看到人和事物的本质,而不会被威吓或操纵。我们会参考以往的经验权衡利弊,寻找解决方案,也更容易从实用客观的角度应对当前形势,而不是受"儿童型"或"父母型"意识的影响。如果谈判中有理想的情绪状态,那必定是"成人型"。

你要仔细倾听，当心"非黑即白，非错即对"、爱控制人的"父母型"自我；也要提防"儿童型"的自我，他们想"诱惑"你，提出无理要求，需要你的帮助，这是准备唤起你"父母型"的自我。

另外，"成人型"谈判者的思维是客观的，可以容忍不同程度的灰色地带，能够辨认非理性行为，看穿多数行为和语言背后的意义。谈判中，他们就是有意识、有能力的谈判者。

尽管"成人型"谈判者很清醒，但它也只是一种自我状态，仍会受到他人沟通方式的影响，在谈判中接受他人的自我状态。比如说，你刚做完开场提案，却遭到"父母型"对手的质疑，他们说你的提议太荒谬，如果没有合理议案，他们就拒绝谈下去。你有两条路可选，要么做个"批判型父母"，提出挑战，风险是冲突加剧；要么做"自由型儿童"，请求他们的帮助。

例如询问对方怎样修改提案，使双方都接受，借此得到对方的体谅。如果拿不准该怎样，而且确实不擅长与对方玩这种转变自我状态的游戏，你可以继续保持"成人型"的冷静镇定，不理会对方的行为，耐心地等待对方冷静下来，继续谈判。

与我以前说的一样，具体情况具体分析。重点在于，我们能够辨识自己和他人的状态，据此做出相应的反应，而不是两眼一抹黑，不懂得情绪会对人际关系和沟通造成怎样的影响。情绪因子能促成谈判，也能毁掉谈判，对长远关系也是一样。因此，**自省意识是全能型谈判高手的重要能力**。擅长谈成长远协议的人一般都拥有"成年人－成年人"的人际关系系统，尽管在现实世界里，非理性的行为从来都不罕见，无论这种行为出于怎样的理由。

合理回应对方"不合理"的要求

你的个人价值观和商业价值观往往非常相似。它们建筑在正直、诚实、可靠的基础之上。价值观就像评判标准，判断哪些信条是公平的，哪些行为可以接受，谈判中对方可以把力量使用到什么程度等。

价值观能够帮你想清楚很多问题，比如人生怎样度过，做什么决策，如何辨别是非等。然而在谈判中，价值观往往会扭曲你的想法。谈判中，对方的行为是否道德，是否公平，是否正确，这些都不重要。如果他们手握强大的谈判力量，而且不决定理性地运用，那你就要处理好局面。这不是价值判断的时候，紧抓着理想观念不放，你的情绪就会发生动荡，容易妥协。

如果被对方不合理的条件惹恼，你就不大可能得到同情，更别提谈成好条件。事实上，这很可能造成相反的结果，你会显得贪婪、情绪化，反而失去了对方的尊重。

让对方享受赢的感觉

如果说谈判有最核心的技能，我认为它就是情商。它让你和对方保持稳定而均衡的沟通状态，也让你"钻进对方的脑袋，看穿他们的想法"，站在对方的角度进行谈判。

丹尼尔·戈尔曼（Daniel Goleman）在他 1995 年出版的作品《情商》（Emotional Intelligence）中提出，情商由自省能力和自我控制能力两部分组成。他认为，要在商业世界中取得成功，必须有很强的自省能力和自我控制能力，不仅管得住自己的情绪，也要能操控对方的情绪。要做到这些，你需要：

◆ 理解自我，包括自己的意图、反应和行为；
◆ 理解对方的想法和情绪。

上述两点在谈判中极为关键，因为你需要为对方的情绪和感受负责。如果激怒对方，就只能眼睁睁看着合作的希望烟消云散。戈尔曼进而把情商概括为 5 个方面的能力：

◆ 认识自身情绪的能力；

◆ 妥善管理情绪的能力；

◆ 自我激励的能力；

◆ 认识他人情绪的能力；

◆ 管理人际关系的能力。

外向型的人更喜欢与人交流，也更容易表露情绪，与人分享自己的观点和好恶。然而在谈判中，外向型的人遇到的挑战会更大。比起性格内向的人，他们需要更强的自律能力。内向型的人天生比较慎重，做出反应前，他们更容易反思、衡量、认真考虑。

假设我们在看一部电影，影片中正在上演双方谈判的情节。其中一个演员演技特别差，你可能不禁皱眉："他怎么会这么说？""这就等于露了底""我就不会蠢成那样"。

在 Gap 团队的谈判课上，我们经常给学员们出些有难度的案例题目，让大家演练。谈判练习的场景会被录下来，供学员观察、学习，看看刚才的谈判行为是否符合自己的目标。我们帮学员分析谈判准备是否充分，行为和自控能力怎样，总体表现如何等。

现在，我们的资料库中有上百个为不同行业、不同学习重点、不同谈判议题专门设计的谈判案例。其中某些议题较多的谈判，反映的行为规律非常有预见性，以至于我一遍遍地使用它们，我可以准确预测某个学员要做什么。随后的讲解部分会分析学员们的动机、情绪和决策过程，这对培养自省能力帮助很大。

为什么他们的行为可以预测？是因为竞争心理，还是自傲？是因为他们想好好表现，使用我们讲过的制胜高招吗？正是自尊心和充满竞争感的案例研讨环境限制了他们的思维，于是他们忘记了谦逊，忘了考虑更广泛的议题。

尽管学员拥有相当的商业背景和资历，可谈判往往变得过于个人化。他们感到了外界的压力，于是做出短视的、非理性的举动，并为之辩解。

这样的例子不胜枚举。在特定的情境下，尽管大家的本意都是尽力争取最大的价值，但他们仍然甘愿竞争。

出色完成商业谈判十分困难，因为你本身肩负出色完成任务的责任，再加上商业压力，你的竞争心态会被自然而然地激发。商业的本质就在于"赢"，在于超越竞争者。

然而，你的竞争者却不是谈判对手。指导了这么多家机构的谈判后，我发现，"赢"的愿望越是强烈，想法就越有可能被扭曲，也越难发挥高情商的作用。

拒绝诱惑，别让自我心态干扰判断。谈判中的真正胜利意味着达成条件优厚的协议、获得更多利润和更高的商业价值。某些情况下，胜利就是对方承诺做出改变，把风险降至最低，也可能只降低了现行安排的风险。真正的胜利与个人感受无关，与你赢不赢也没有必然联系。如果被狭义的输赢驾驭，让这种想法或情绪控制你的动机，你的表现必定大打折扣。

"输"的艺术

谈判是"输"的艺术，或者说，是引导对方"赢"的艺术。

摆脱自我意识的影响，专注于谈判结果，你就可以自如地使用任何对自己有利的方法。与此同时，扮演你该演的角色，做你该做的事，其中一层意思就是让对方享受"赢"的感觉，而此时你关注的则是协议的整体价值。

这意味着你要了解对方的心态和需求，以最低的成本谈成交易，提高净利润；也意味着让他们在小事上占便宜，而你却着眼于更重要的、附加值更高的条款。

你可能不同意这个说法，因为要是让对方赢得心理战的先例一开，代价就太大了，尤其当双方需要长期合作的时候。或者说，第一次你在某些问题上让步，对方就会期望你还会这么做。然而，作为一名谈判者，你的责任就是让对方认为他们赢了。

随堂案例

如何化解对方"玩消失"带来的压力？

你与一个新客户开过好几次会，双方渐渐熟悉。你们花了不少时间讨论详细条款，商定了怎样合作，就服务协议和持续改进计划达成了共识。他们早就拿到你的提案，所以很清楚你的收费方式，而且至今没有提出质疑。你感到这项业务正在朝着正确的方向发展，并且向老板汇报了情况。

可形势突然发生了变化，在没有预先通知的情况下，对方的采购部门要求参与谈判。

采购部门对你之前的投入没什么兴趣，也不关心你提出的增值条款，他们只想拿到最好的价格。这种情况并不是每个公司都有，可在我合作过的公司中，有一百多家出现过类似情况。他们只看你的报价单，然后要求特别低的折扣，而且付款条件非常苛刻，还无视其他因素。他们还给了一个时间期限，说是要走一下决策流程，此后他们就消失了。

这是一种技巧，不管你有什么原因要找他们，就是联络不上。他们掌控了局势，原本看起来处在11：00区域的谈判，现在挪到了4：00的压力型谈判区域，硬仗开始了。这件事令你措手不及，你以为谈判还在钟面的10：00附近，双方的目的应该还是价值创造，可他们却音讯全无。

这场景是不是很熟悉？

在这种情况下，你感到自己很难再控制局面，于是情绪取代了冷静思考，你的决策能力受到了干扰。对方率先采取行动，你的谈判空间缩小了，利益也可能受到损害。你的即时反应或许是"这不公平""这么做是不对的""我甚至不确定还要不要与他们合作"，可这些想法全部有违你的商业利益。

由于你现在十分被动，所以你现在应该考虑的是如何回应，并向对

方阐明立场。仔细想想该怎么做，不要意气用事。有两个方法可以帮你
在谈判之前就防止这种情况出现：

◆ 务必事先摸清对方是否有值得注意的采购流程；
◆ 务必事先了解谈判的决策人和所有的利益相关者。

即使让步，也要显露出为难的表情

第 1 章里，我们简要阐述了人对满意的需求，满意就是拿到超过预
期的条件。人对满意的需求如此强烈，以至于许多谈判者会利用这种心理，
在谈判初期提出苛刻的条件，目的就是在谈判结束时让对方自认为得到
了很难得到或压根得不到的东西。谈判伊始，提出一个明知对方会拒绝
的条件，相当于揭开了一系列给予和索取的序幕。这样你就掌控了对方
对满意的需求。很多缺乏经验的谈判者在开始就提出一个明知对方会接
受的条件，就是因为他们害怕听到"不行"二字。

你要习惯这个词。当你提出一个极端却不脱离现实的条件时，就要
做好听到"不行"的准备。这是流程的一部分，你只需等着它出现。保
持开放的谈判氛围，对方就不太可能拂袖而去。如果他们说不能接受这
个条件，那就请对方告诉你他们的心理预期。这会保证谈话继续进行，
而且会让他们围绕你的条件来谈。与其问对方不愿意接受什么条件，而
让他们变得情绪化，不如问问他们愿意接受什么，然后停下来想想你下
一步该怎么办。

率先提出开局条件的好处之一，就是你设置了一个"锚点"，它是谈
判的起点，也给了对方一个可供攻击的目标。开局条件要高于预期，让
你不必像身处"客场"，受对方钳制。先走一步，提出开局条件，然后坦
然接受对方的拒绝，继续往下走。你正在管理对方的满意度，同时朝着
最优条件努力。这样你就有机会获得最大收益，还能让对方满意，因为
他们守住了底线。

随堂案例

少花钱，也能让对方满意

你是一名客户经理，老板向你授权 20 万英镑的额度，可以投给买家促销你们公司的产品，而买家想拿到 25 万英镑的赞助。对你的公司来说，20 万的投入比较合算，因为这笔投资能够帮你们宣传产品，带来的长远收益也远不止这些。谈判一开始，你提出了一份全面的谈判议程，还有 12.5 万英镑的开价。经过数轮商谈，你设法让对方答应你的全部条件，代价是你付出 18 万。基于你的开局条件，买家觉得你让步了不少，对此比较满意，于是双方签订合同。

当然你也可以答应给 20 万，只因为你付得起，就要把额度用尽吗？对方也作出了很有价值的让步，你很满意，认为合同谈得很成功。换句话说，对方之所以满意，因为这一切是辛苦得来的，值得自己做出承诺。谈判越艰难，遭遇的挑战越多，双方就越看重承诺。

银行经理和房产中介一向以擅长管理客户满意度而著称，可这些人往往不够镇定，并没有处于主导地位。房产中介会说，"我们的服务费是售价的 1.75%，可我们知道现在竞争激烈……所以我们只收您 1.5%。"此举会让我满意吗？不。他变得太快，而且是无条件、透明公开的。他甚至没等我反应，也没有打听别人是否已经给我开出 1.5% 的条件，也不知道其实我特别欣赏他们的服务质量，不管价钱高低都会找他们。银行经理则会这样说，"我们现在给商业客户提供的透支利率是基准利率加 4%，但是我们打算只加收您 3.5%。"

为什么要这样说？这样我的感觉就会更好吗？我用不着争取，甚至不需要符合什么条件就能得到这项优惠。此时，利率甚至都不是我做决策时要考虑的因素，所以他何必提出来？

努力付出了人们才会满意。就像那些赶着大减价时采购的人，要在人潮里花上几个小时才能买到 75 折的商品，他们未必要谈判，但确实投入了时间和精力。参与这个过程的人会对得到的优惠感到满意。

如果对方轻易就答应你，你也可以轻易反悔，不守承诺。从心理学角度来说，越难得到的东西越珍贵，所以花大力气谈成的交易更容易被双方重视。你应该把谈判中付出的心力视作投资，它会让双方的协议更具持续性，让你得到更多尊重。

你要记住，你可以拿到低廉的价格，但价格只是交易的一部分，如果对方没有遵守承诺，整个交易就会变得非常糟糕。例如货物没有按时运到，或没有你想要的功能。

固定预算意味着你的预算受到限制。如果在这方面受到限制，你就一定要注意产品规格或交易细则。对方会不会因为你的低价而降低产品质量或服务标准？这会在开始就提出来，还是到协议敲定时你才会知道？谈判中你要聚精会神，充分自律，把各方面考虑周全，留心所有的待谈事项、风险、时间限制、规格和细则等一切有可能被打折扣的因素，以免收获低于预期。不幸的是，有些人签订了无法兑现的糟糕合同，却不肯承认，而是拿预算有限当借口。

交易，还是交心？

谈判双方建立的信任与尊重造就了良好的讨论氛围，也创造了达成共识的机会。你们可以把精力花在交易上，而不是费尽心机争取占上风，企图操控对方的情绪。"谈判钟面模型"的 9：00 ~ 12：00 是最理想的价值最大化区域。然而，一旦有人耍了花招，而且被识破，信任就会被冲淡，情绪也开始影响决策，机会于是减少。

有些谈判者嘴上说建立合作伙伴关系，实际却在 6：00 区域耍花招。他们会提出一些根本不想要的条件，这是为了满足你想赢的心理，让你自以为下了大力气，终于说服他们撤回了这几个条件。他们还会把这种"注定谈不成"的条件写进谈判议程，让自己显得更加可信。

> **随堂案例**

花招被识破，信任不复存在

一家名叫"数据搜索"的 IT 外包咨询公司向一家客户提出了一份谈判议程，共有 21 个待谈事项。

其中有 3 项看起来完全不符合之前会议的商谈结果，它们是极长的通知期限、公司可能会把支持中心迁到海外、每年的价格涨幅要在通货膨胀率的基础上加 2%，合同为期 5 年。

他们与别的客户商定的年涨价幅度可没有这么高。买家由于事先也做过调研，所以对此心知肚明。"数据搜索"公司服务的价值与 12 个月的通知期限并不匹配，况且买家之所以率先考虑这家公司，就是因为它的总部在英国国内，而且"数据搜索"知道这一点。

买家没有与他们争论，而是暂停了谈判。气氛有些剑拔弩张，谈判真的有可能终止。买家提出，想继续谈下去，必须修改议程。"数据搜索"公司的行为导致双方信任程度降低，气氛变得非常紧张。他们意识到买家做了准备，而且要继续讨论其他问题变得十分艰难。

这种故意干扰对手的花招我见过很多次，大部分时间的确有效。然而这种招数与其他花招一样，很容易被识破，进而导致你的利益受损，尤其在你们的关系需要信任和正直来维持的时候。这也会导致谈判变得情绪化，极有可能影响交易的价值。

夸张地感到意外地"哇~~"

故意表露情绪也是一种谈判技巧。其中一种情绪就是第 5 章提到过专业假面，我在第 8 章中还会详细探讨。它的意思是，一方提出开局条件后，另一方做出极为夸张的情绪反应，暗示这个提议多么荒谬无稽。

此处的情绪就是故意的，目的是表现出比单纯一个"不"字强烈得多的拒绝。身为谈判者，你要读懂对方的意思，自信地坚持自己的做法。谈判中没有所谓不加掩饰的情感。身为全能型谈判高手，你要控制自己的想法和反应，知道该说什么，不该说什么。

另一种故意流露情绪的方法是，谈判开局一方提出一项议案，故意试探另一方对这项提案的反应。例如，"我们很高兴今天能与你们坐下来商谈赔偿条件的问题"，或是"显然，你们知道此事极为罕见，由于问题非常复杂，设计任何解决方案都要长则数年，短则数月。"这种锚定的陈述可能没有任何实质意义。说话人只是在观察对方的情绪反应，看他们是拒绝还是接受。在这种情况下，全能型谈判高手会提出另一个非常规的议题作为回应，把球踢回去。

如果能从不同角度观察谈判，你会发现情绪和压力无处不在。谈判陷入僵局的可能、你所肩负的谈判责任，以及商谈中难以避免的挫折感，都会让我们的自控力退居二线，把权力交给潜意识，做出一些未经考虑的决定。谈判课程中，绝大多数学员都不相信这种事，直到他们在录像中看到自己的表现。在压力很大的环境下，尤其是听到对方的陈述甚至威胁时，非语言的沟通就更加明显。

在谈判过程中，告诉对方你愿意做什么，即使这并非你的最好出价，也会是个很管用的方法，这会让他们关注你的立场。对方考虑你开出的条件时，你得有耐心，能够承受挫折感。有时对方可能表现出情绪或压力反应，一般来说，在提出议案和回应提议时，这种现象尤为明显。

假如你可以花 1 000 块买一件商品，但你开价 600。对方问你，"这是你的最高价？"你回答说，"我就打算付这些。"然后他们把价钱降到了 1 100，你说，"我可以加到 725 块，但要签订服务合同，而且周一之前送货。"你在价钱上做出让步，却提出了有价值的交换条件，而你也很清楚，万一对方不肯，你还可以多做些让步，就算让到 1 000 块也可以接受。听到 725 块的出价后，对方沉默了。他们是想不再理你，还是在考虑下一步该怎么做？短短 20 秒钟，感觉就像 5 分钟一样长。

他们的沉默好像在说，你的出价太离谱，我没兴趣谈下去。可是他们还没走，还在等你回话，这就表示他们还感兴趣。全能谈判高手知道，谈判中没有偶然。每项议案、每个动作、每个陈述、每个回应、每次沉默都必然事出有因，所以你要保持镇定，仔细看，认真听。

身为谈判者，你的任务就是看出对方的语言和实际行动的关联。在体验式的谈判课程中，我让学员们看自己的谈判录像，详细地分析自己的行为和情绪。绝大多数学员都不承认自己会发出什么"信号"，直到他们在屏幕中看见自己的反应。接受了这一点，他们的自控能力就会出现飞跃式的提高。用心聆听对方的话语，观察他们的行为，然后仔细思考如何反应。

做个有意识、有能力的谈判高手，你要学会积极地聆听。也就是说，如果形势需要，你要有意让对方知道你在专心听他说话，而且心态开放。换句话说，你要熟练运用身体语言，发出想让对方得到的信号。读懂对方的心思，其部分含义就是引导对方产生你需要的想法。

自傲心态

在慈善拍卖会上，你想必见过很多次被情绪或自我意识驱使的行为，整个活动就是为了让拍下物品的人赢得全场关注。主持人在会场里穿梭，同时喊出嘉宾的名字，"现在我们拍卖这件足球队服，起价是 5 000 美金，史密斯先生有胆量举牌吗？"全场目光随他转向史密斯先生。史密斯先生当然有胆量，而且也不想没面子。

参加拍卖会的显然都是成功人士，而且他们的财富多数为努力奋斗所得，他们把这种活动视作一种乐趣。慷慨的声名马上传遍全场，他们抵御不了这种诱惑，于是他们失去了判断力，而他们正是凭借判断力获得了巨大的财富。这是为了做慈善，用的也是他们自己的钱，所以我能理解其中的"乐趣"。慈善拍卖尚且如此，更不用说商业拍卖了。在商业场合中这种表现屡见不鲜，有些人受好胜心和自傲心态的驱使花掉了公司的钱，却全然忘记自己还代表了股东的利益。

情绪会影响客观判断。如果你的配偶遭人绑架，对方索要赎金，那么最不应该去谈判的就是你。因为你会非常情绪化，必定马上屈服。你八成会倾尽所有交换人质，而且很可能不待对方提出要求，你就主动说了出来。在这种情况下，你最好把谈判权交给别人，他们的谈判能力或许不比你强，但他们不会受到情绪影响。

随堂案例
不理智的"钟爱"让他们多花了 6 万英镑

托尼亲身体验了谈判的挫折感，体验了管理情绪的艰难。他的太太苏爱上了一幢房子。两周之内他们去看了 3 次，然后决定把现在的房子卖掉，同时开始谈新房子的价钱。两周以来，苏一直在想这栋房子该怎么装修，房子旁边的旧谷仓该怎么改造，买什么样的家具，怎样布置。他们甚至在"乡间看房之旅"中光顾了当地的小酒馆。

这所房子的市场价格是 51 万英镑。他们提出的 45 万英镑被房主拒绝，对方还价到 49 万英镑，超出预算 4 万英镑。此时他们应该保持镇定，提出其他的交换条件。他们知道，对房主来说，继续雇用老花匠是件非常重要的事，因为他已经在这个家里工作了 15 年，每周工作 10 小时。而苏想尽办法来弥补这个资金缺口："再找人借点吧，这个价格我们负担得起。"保住这幢房子成了她心里唯一重要的事情。

在她心目中，与让卖家点头相比，借钱的后果变得不重要。然而短短 24 小时内，情况发生了变化：一个竞争者给房主开价到 50 万英镑，现在他们要买的话，就得掏更多钱。可苏想买这房子，调查一番之后，他们知道竞争对手也是真心想买，于是他们也把价格提到了 50 万英镑。

如今托尼既要对付竞争势态严峻的市场，又要抵抗情绪，手里还没有合适的"最优备选方案"。他忽视了某些十分基础的谈判准备要则,如今只能与太太一起与对手竞价。不过,他起码设定了一个底线,即房主最初的要价,51万英镑。夫妻俩都同意不能超过这个价钱。最后竞价真的到了51万英镑,他们为了保住房子,愿意支付这个底线价格。要是他们没定这个底线,恐怕会付出更多。

最后,双方在51万英镑止步。比价停止了10天后,托尼夫妇卖掉了原先的房子,做好了继续谈下去的准备,于是他们保住了新房子。竞争导致房价升高,想买房子的愿望和情绪让他们没有转身走掉,还好底线价格保护了他们。但是,如果没有这个比价过程,结果可能截然不同。

谈判中,时间和形势是两个对价值影响最大的因素。不管它们带来的变化是真实的,还是谈判者主观认为的,都会触发人的情绪反应。时间可以改变一切,包括谈判各方的力量分布。很多变化会相应发生,比如谈判的类型、双方的互动关系,还有正直和公平程度。

面对你的老板、伴侣、业务伙伴或客户,即便你和对方存在高度的互赖关系,当遇到挑战和变化时,情绪也很容易冒头。情绪因子对谈判结果常常产生极大影响,这意味着,你永远不要认为对方的行为可以预测。

能够不带情绪地倾听、理解、计算、思考、回应，这需要极强的心理控制能力。全能型谈判高手和普通谈判者的区别就在于能否驾驭情绪因子，情绪控制得当，你就能出色地完成谈判。

如果运动员的速度、灵活性和力量都很出色，可平衡感不好，他们就永远无法出类拔萃。对有些人来说这比较难，因为某些素质并非天生，需要学习掌握。一旦发现处境艰难，就立刻暂停谈判，在心理和金钱上都妥协退让前离开谈判桌。如果不知道该怎么做，就什么也别做，否则你会做出令自己后悔的事情。

计划和准备可能会帮你避免这种状况，但谈判中难免出现意料之外的事情。绝对不要硬撑，如果心存疑惑，那就离开。人们经常把"情势所迫"当作留在谈判桌前的理由，即使有时情势根本看不清楚。

第 **7** 章

授权与决策
双方的拍板人清楚吗？

一线人员拥有决定权，他们有时也会假装上司不同意，借此拒绝对方的要求或者向对方提出条件。

在谈判中，永远不要想当然地认定
与你对话的就是最终决策人。

只有当沟通顺畅且参与者拥有决策权时，谈判才会向前推进。因此，若要处理好双方关系和沟通进程，理解"授权"二字是必做的功课。此外，你的决策权越大，谈判空间就越大，创新和增值的余地也越大。

同时，授权也意味着曝光，而曝光会带来风险。因此，组织只会赋予个人有限的权力，一旦越过限制就要上报请示。你得到的授权太大，会使你变得危险和脆弱，同时你背后的组织也要承担相应的风险。全能型谈判高手会从以下几个方面来理解授权：

◆ 如何运用它保护自己？
◆ 它对谈判中的创新能力有何影响？
◆ 它对提升谈判价值的能力有何影响？
◆ 它对对方的想法和行为有何影响？

说到底，你得到的授权就是在不向上级请示的情况下，能谈到什么程度、决策权有多大。换言之，授权关系到你的谈判空间和谈判权力。如果你把授权视作一种尺度，衡量你手中交易权力的大小；或者规定到哪里应该止步，那么你就能体会到授权带来的助力或阻力了。

要与对方在"谈判钟面模型"的左侧展开合作式的谈判，你需要得到足够的授权来处理多重谈判事项和其他各种可能。像许多组织一样，事先把权限界定清楚能够保护你的利益，免得对手使出权限不够需要向上级汇报的花招。因此，你们的权限将影响谈判在钟面的哪个区域结束。像其他任何需要把握尺度的行为一样，适当的权限能帮你把机会最大化，同时又不会使你过度曝光。

一个巧妙的"避让"策略

谈判高手就像无名英雄。当合同开始生效，即使交易还没有完成，也已经可以称得上出色了。谈判者常常组成谈判团队，其成员可能包括律师、财务总监等角色。

由于老板总是最后参与谈判，所以谈判的权力通常被层层下放，以至于让人弄不清谁才是真正的决策者甚至等到交易敲定之后，出于对双方公司运营状况的保密等需要，真实情况和确切数字极少会被公布，所以你也无法评判谈判者究竟表现如何。

绝大多数受人瞩目的谈判者都是政治人物或工会领袖，在谈判的准备期或谈判进行中，他们会使用各种公关手段来表明态度。然而这些人既不是单打独斗，也没有得到全部授权，却什么问题都能谈。他们会借助媒体向己方、对手以及任何可能存在的第三方展示他们的立场和谈判进程。

我指导过一桩气氛极为紧张的谈判。一方是一家日本电器公司，另一方是英国某工会。双方的关系很差，信任程度也相当低，因此需要一个中立方引导谈判。我给客户的建议是，不要给我具体的谈判权力，这样我才能专注于谈判进程，避免陷入具体的提案或条款。我的职责之一是帮助双方回顾已经想好的方案，找到他们不同意这些已经提出来的条款的原因。

很多急切的客户经理都因为没有搞清楚对方是否有谈判的决策权，

就匆忙开始谈判，导致最终沮丧而归。提出问题，探询信息，判断对方的资格，这些需要耐心，也需要你明确清晰信息的价值。授权问题需要在讨论初期就彻底搞清楚。你可以简单问一句："合同是由你来签吗？"或是"要签订合同的话，你还需要和谁商量呢？"也可以这样问："哪些因素会限制你签订合同呢？"这些问题会帮你判断眼前的人是否拥有决策权，便于你制定相应的谈判策略。

白纸黑字更可信

无论你是开银行账户、考驾照、买房子，还是参加庭审，或者只是办张健身卡，都会有一系列规定告诉你能做什么，不能做什么，必须做什么。如果你违反了这些规定，就要承担相应的后果。正是我们制定的这些规矩让生活井井有条。

我们受社会中各种规章制度的制约，绝大多数人都会遵循当地的法律法规。法律赋予我们一定程度的行动自由，比如旅行的权利，我们可以决定要去哪儿，怎么去。但法律也剥夺了我们的某些权利，比如驾车不能超速，不能酒后驾驶等。坐飞机的时候，你要托运行李，过安检，准备登机，每一关你都会接到该怎么做的指令。如果行李太重，你就得多花钱；过安检的时候，包要扫描检查，你还要拿出笔记本电脑、解下皮带等；起飞前，你不能在没有机长允许的情况下起身走动。在这种情况下，我们的大部分权利被剥夺。但你若想挑战这些规矩，代价可能是被驱逐或逮捕。

白纸黑字往往给人以权威感，因为它可被公之于众，其本意也是如此。在谈判中，对方很可能递给你一份文件，比如报价单。这会使你感觉你必须照单全收，但你只需把它当作开局条件。你需要具体情况具体分析，但当遇到这种情况的时候，很多人会错误地以为，这些白纸黑字的价格是不能变动的，对方也没有变动的权力。

你得到的授权越大，思考和操作的空间就越大，议题的范围就越广，达成有价值的协议的机会也越大。但你的曝光程度也会随之增加，公司的风险也更大，你的责任也就更重，你要为全部的后果负责，见图 7.1。
企业正面临这样一个难题：给员工多少授权才能保证以可接受的代价达
成"最好的生意"？

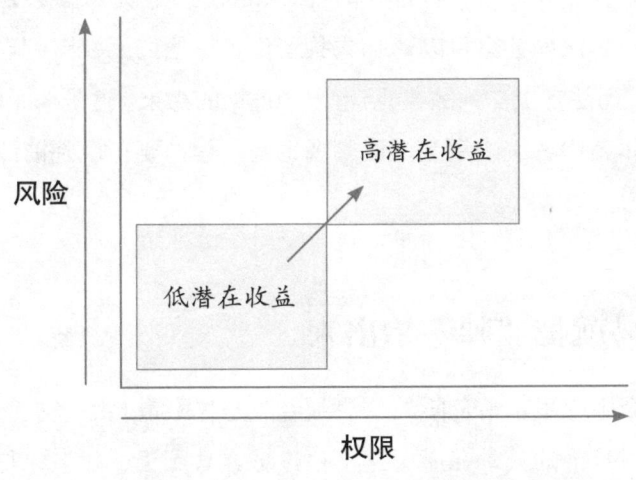

图 7.1　权限、风险与收益

有限授权的目的是保护

流氓交易员们越权擅行的例子证明了如果权力无人监管，会造成多
么恶劣的局面：2007 年，法国兴业银行的热罗姆·凯维埃尔（Jerome
Kerviel）操纵了金融史上最大的欺诈案，导致该银行损失了约 37 亿英
镑。其他著名例子还包括尼克·李森（Nick Leeson），搞垮了英国最古老
的银行之一巴林银行；日本大和银行的井口俊英（Toshihide Iguchi）让
雇主蒙受了 11 亿英镑的损失；爱尔兰联合银行的约翰·鲁斯纳克（John
Rusnak）造成了 3.35 亿英镑的损失。我们从中可以看到，当越权行为无
人监管，导致无法保障各方利益的糟糕后果。

每个行业都会通过限制权力来保护自己。客服人员严格按照应答规
定与顾客交流，这样一来，顾客几乎不可能与他们谈判。一旦客户的要
求超出规定范围，他们必定会与上级请示，这是个经典的"避让"策略。
顾客则只能等着事件上报，或是妥协。其他例子如保险推销员做决策时

必须请示；遇到顾客投诉时，店员需要请出经理；酒店前台遇到住客要求房价打折时，也必须与经理商量。有时，即使拥有决定权的谈判者也会使出这一招，然后假装上司不同意，因而拒绝对方的要求。

生活中我们会碰到各种各样的规定和限制，但绝大多数是为了保护我们的权益。比如警察可以逮捕或拘留你，但他们无权审判你，这是法官的工作。而法官也受到法律、陪审团和证据的约束。这是为了防止腐败，保护法制体系中各方的利益。谈判者也是一样，要在谈判前清晰地界定自己的权力。

不要轻易就把"帅"抬出来

在一个组织里，最危险的"谈判者"是权限最高的老板。清楚自己有权力说"是"的人，在压力之下往往更容易点头。如果你与老板一起去见过客户，你多半经历过这种挫败感很强的典型情景：

会议开始，你与客户讨论起几个棘手问题，随后老板开口了。你还没反应过来，客户和老板已经探讨起了解决方案，并最终达成了一些你没有权力做出的让步。其实老板与你一样热切地想解决问题，而更大的权限也让他变得更加危险。没用多久，老板就说，协商已经达成一致。虽然他一直都让你在场，可这种行为依然有可能破坏了你和客户的关系，影响你的信誉。试想下次开会的时候客户更想见谁？但问题是老板的责任更大，曝光度也更高，一旦谈判陷入僵局，会造成更大的损失。

由于老板手中的权限最大，他们也就成为了谈判中最弱势的群体。比如象棋盘上的"帅"。"帅"的行动不如其他棋子灵活自如，无论你还剩多少棋子，一旦被"将军"，便会处于弱势地位。因此，你的任务就是不让敌方接近你的"帅"。谈判中，"帅"就是老板，如果把他直接暴露给对方，你们团队就会处在不利位置。买方有句著名的祈祷词"一级一个百分点"。买家会卖力砍价，试着把谈判的级别推高一层，把价钱砍下一个百分点，然后再推高一层，再砍下一个百分点，见图7.2。

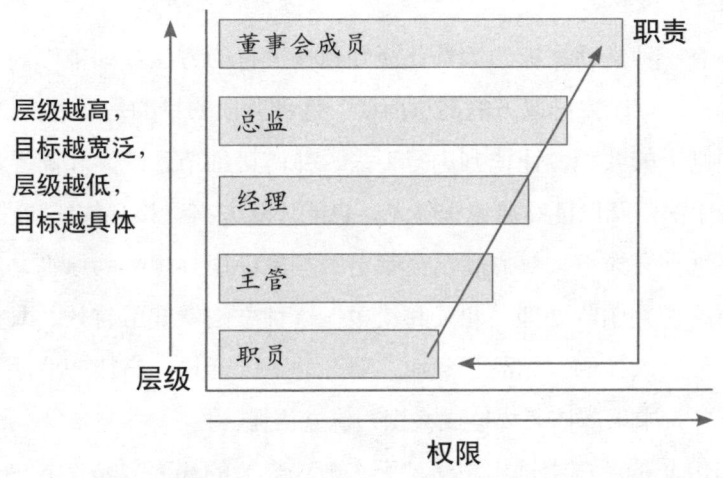

图 7.2　请示的层级

幕后主使是谁?

如果你是老板,把权力适当下放会保护你的利益。你最好待在幕后,让下属去谈,避免自己成为焦点。你可以对外声称做决策的是别人,而你会支持他们的任何决定。

在谈判中,永远不要想当然地认定与你对话的就是最终决策人。你会发现,谈到最后你被晾在了一边,因为你的谈判对手并没有决策权,决定要由别人来做。他们提出的某些条件,可能他们公司压根不会答应。你为换取价格折扣做出的退让,对方根本没有权力接受。**因此,了解对手是否有足够的权限极为重要。**你至少要搞清两个问题:

◆ 谁是决策人?

◆ 合同还需要经谁批准?

谈判开始之前就应该把上述问题搞清楚。否则,你就等于站在明处,任由对方耍花招、玩拖延战术。更糟的是,你有可能签订了一份无法执行的协议,因为里面的条款不具有任何效力。

"原则上"同意

还有一种借助老板的力量让谈判顺畅进行的方法：如果你们产生很大的分歧，可以安排双方的高层面谈。这种会谈的目的是通过交换意见，达成原则上的共识。让谈判进行下去，并商讨细节。政界和商界都会使用这种手法，既保证高层免于曝光，也能让双方高层相互信任和理解。

在这种会谈中，双方高层会制定一些保证谈判顺畅的原则，然后把细节留给谈判团队处理。北爱和谈中，这种方法就非常有效。双方曾在一个有秘密入口的宾馆酒吧碰面，召开非正式会议，商谈一些原则性的问题。并就未来应该怎样达成共识，建立信任。

2010 年的英国大选出现了"无多数议会"的局面（指没有一个政党在议会赢得半数以上议席。——译者注）。经过谈判，保守党和自由民主党决定组建联合政府。双方领导人戴维·卡梅伦（David Cameron）和尼克·克莱格（Nick Clegg）都没有直接参加谈判，而是各派出了一支谈判团队，然后听取汇报。让高层确定大方向，这实际上是一种通过削弱高层的权力来拓宽谈判空间的方法。

随堂案例

老板只谈生意，细节交给技术人员

Celino 公司是一家总部位于波兰的玻璃分销商，公司高层决定要与遍布欧洲的 37 家客户重新商谈包括价格、订量、折扣政策、信息分享、付款方式和交货期在内的合作条件。而客户需要为新合同花更多的钱，无论是普通玻璃，还是特种玻璃，比如由 Celino 公司独家生产的、有自洁涂层的玻璃。

公司知道这次谈判会非常艰难，而 80% 的生意来自 5 家大客户，因此这 5 家客户就成了公司高层重点关注的对象。

Celino 公司的谈判策略是：与客户召开高层会议，讨论独家创新的产品，可靠的交货期，统一而透明的价格政策。这些信息散布出去，但未提及任何细节。谈判中，高管们不会讨论具体的条款变动,因为他们不了解产品的细节信息。他们坚持"细节问题"由双方委派专门团队来探讨。他们谈论的重点则是公司的可靠程度,以及创新产品给客户带来的好处。客户觉得这两点都挺吸引人。

最终,他们通过"自撤权力"和"不陷入细节"的方法,成功地为后续谈判扫清障碍。如果没这么做,双方在后续谈判中可能都要做出妥协。

你也可以把请示上报当作谈判技巧,这种戏码每周都会在零售商店里上演。

随堂案例
你向先生请示,我向老板请示

销售员注意到一位女士正在打量一个标价 840 英镑的沙发。便打算促成交易:"要是您今天购买,我们可以保证下周六送货上门。"

女士回答说:"这个价钱啊,我得回去与先生商量一下,我们的预算只有 800 块。"

这位女士的权力显然只有 800 英镑,而销售员其实有打 9 折的权力。销售员虽然知道自己有这个权力,但仍与客户确认情况:"那我与老板请示一下,要是能降到 800 块,您就可以决定了,是吗?"

女士点点头。他请她等一会儿,说回去与经理商量。

不久他便微笑着回来,说他说服了经理把价格降到 800 英镑。于是,这桩生意成交了。然而,是销售员利用了"权力"这个武器,还是被客户的"没有权力"所利用?事实可能是:这位女士可以动用 1 000 英镑,却把与先生商量当借口,主动削弱了自己的权力。

团队谈判中的分工与合作

组队谈判的时候，成员之间要相互配合，形成一个整体，这一点非常重要。而搞清楚谁有权做什么，最终决定由谁来做，对于在压力下工作的团队也至关重要。唯有每个成员都明白各自的角色，组队谈判才会有效。也就是说，人人都要足够自律，完成自己的任务，为团队做贡献。团队中一般要有四个独立角色：发言人、数据员、观察员和领导者。这些角色根据各自职能进行设置，目的是帮助团队取得最佳战绩。

发言人

发言人负责主持大部分对话，包括在老板或团队领导制定的框架下提出提案。其他人也不是一句话都不能说，但要得到发言人的示意后再开口。发言人代表团队与对方谈条件，然后由领导者做最终决策。

数据员

数据员明白每个条款变动意味着什么。他们的职责是提建议，计算条款变动与提案的结果，时刻看清协议的整体价值。除非受到邀请，否则他们无权做出承诺或参与谈话。

观察员

观察员也没有实权。他们的职责是：

◆ 观察与监督；
◆ 捕捉他人因过于专心而漏掉的信息；
◆ 观察对方行动的幅度、时机，解读背后的意义。

设置这个角色的目的是帮助你了解对方的驱动力。观察员就好比你的情报员，但也没有参与谈判的权力。

领导者

领导者负责制定议程，塑造谈判的气氛。他们准许发言人作为团队的代表，管理整个交易。领导者或老板往往是团队里的最高权威，他们说话最少，却最有力度。他们会在需要澄清的时候出面，并且做出最后的决策。然而，他们不是谈判者。这项任务授权给了发言人。整个团队的存在都是为了支持发言人。

一般团队都会超过 4 个人，但更为常见的是，你要身兼数职。这样一来，谈判任务就变得更为艰巨，因为你需要考虑和回应的事情太多了。正因如此，准备阶段才更加重要。记住，不要突发奇想，不要急于结束，掌握自己的节奏。

有些人觉得主动削弱权力就像穿上紧身衣，活动困难；有些人则认为它是盔甲，保护自己不受伤害。事实上这两种作用它兼而有之。公司可以用它来控制谈判空间与风险。这种策略可以避免冲突，也可以作为谈判的杠杆。

即便是飞行员准备着陆时，也要听从指挥塔台关于跑道、降落时机等因素的相关指令。他们同属一个团队，各有各的职责，并拥有相应的决策权。幸运的是，其他人只要感兴趣，就可以看见飞行员的举动。

谈判前就明确你的等级

谈判时，你多半已经遵照既定的框架行动了。理论上讲，如果没有这些框架或界限，你会变得非常危险，因为你可以答应任何条件。因此，确定授权等级通常是为了保护你，也保护你的企业。在谈判开始前，你往往会参加一场关于框架和界限的讨论，内容包括底线在哪里，某些特定问题能不能讨论等，这是准备阶段的重要组成部分。同样，对方也会制定界限。有些人经常在谈判一开局就提出哪些问题可以讨论，哪些事情就像雷区一样不能碰。原因是他们要么必须遵循既定的框架，无权讨论这些事情，要么就是暂时定下这样的界限，好让他们在后续的讨论中拓宽议程。

对方老总为何总是"不在公司"？

许多组织都推崇一些商业价值观，诸如创新精神、企业家精神、授权机制。这些价值观营造了宽松的文化氛围，鼓励人们解放思想。然而与供应商或客户谈判时，他们意识到，授予个人的权力必须要有限度，否则企业会失去控制权。因此这些企业同时也会采用一种削弱权力的架构，来确保企业正常运营。他们使用报价单约束销售人员，同时出台固定的折扣政策。这是为了确保价格的公平和透明，符合一定的采购量才会有折扣，仅此而已。在这种情况下，销售人员的权力很弱，基本上只是带回订单。如果客户想要更好的待遇，他们就得请示上司。而他们的上司是销售经理，手中的权力也有限。如果你能找到经理的上司，没准能谈成更好的条件，但这些人经常"不在公司"。

从策略上讲，当你没有再往下走的权限时，授权可以通过在谈判中引入第三方，转移你的压力。但如果使用得不够谨慎，也会有反效果。很多公司设置诸多上报层级的目的，就是保证谈判对手不可能接触到最终决策者。

📋 随堂案例

销售员真的没有权限吗？

销售员说："如果您同意 19 英镑的单价，30 天交货期的话，我们就答应您要求的 30 天账期。"

买家说："我同意，但这事超出我的权限了，我得请示一下老板。今天下午给你电话。"

下午，买家的电话来了："好消息啊，我们老板说，要是你同意 18 块的单价，他马上就签字。"

销售员明白这只是一种叫做"纵深防御"的策略，他以前也遇到过。可是他需要这张订单，所以退让了："好吧，可是明早之前我需要您的书面确认。"

　　"太好了。"买家说,"我现在就把合同交给采购总监进行最后确认,明天早上就给你。"

　　第二天上午,买家再次给销售员打电话:"采购总监说,要是付款期改成我们公司常规的 45 天他就签字。我当然愿意给你签了,可现在我说话不管用啦。"

　　销售员有将账期延长到 45 天的权限,而且马上就能拿到订单了,于是他同意了:"好吧,签了给我吧。"

　　签下合同的压力,以及身在一个"授权型"销售公司的事实,导致了销售员的让步。但如果他的权力不够,无法跨越既定的界限,那买家可能就得想想别的办法。这种"上司策略"往往只适用于一方没有详查对方的决策过程,结果不得不继续谈下去的情况。

警惕"以权谋私"

　　有些零售商为买手制定的业务目标是实现利润增长,此举颇具风险。因为计算毛利的时候,很多与接收货品相关的成本并没有计算在内。

　　假如你是个买手,你今年的目标是把平均毛利从 37% 提高到 38.5%。你可以开出很多不影响毛利的条件,比如物流安排、长单交易,甚至还可以答应做些特别促销。想象一下这些条件的诱惑力吧。产品可以少卖一些,销售额可以低一点,利润也可以更少一点,但只要毛利率提高,你的任务就完成了。

　　狭隘的个人目标会影响行为,如果你得到的授权是一切必要条款都可以谈,而且绩效考核看的也不是总体业绩,那么你的决策必定会偏向与考核有关的事情,而不是整体效果,这会损害雇主的利益。

　　世界上的很多买手都会向代理商采购货物或原材料。由代理商来筛选供应商,代表你与他们谈判。可是,你知道他们拿到最好的条件了吗?或者说你与这些代理商的交易是不是最好的呢?因为代理商也要谋利,所以在向他们授权时,你需要谨慎。

及时汇报，提出建议

与较大型的组织建立联系、销售产品、进行谈判很不容易。我们必须通过谈判得到优先权——客户会说，如果你同意这些条件，我们就把你列为独家供应商，以后你就可以与我们公司的其他部门谈生意了。在此之前，你要接触的相关人员甚至无权与你对话，当地分公司或国内负责人会接到通知：除非总公司与你签订了优先供应商协议，否则他们无权与你谈判。此时，他们的权力就被剥夺了。

授权的"权"，说到底就是谈判的权力。这个权力可能很小，比如对价格没有任何谈判权力的店员，对客户提出任何与价格有关的问题都要请示经理；它也可能极大，比如打算卖掉自己公司的企业家，他们可以答应任何条件，只要他们愿意。尽管公司是他们穷一生之力所建，他们会觉得，还是应该与配偶或家人解释一下为何要这样决定。在这两种极端情况之间，授权程度的大小可见一斑。

📖 随堂案例

别因一个条件弄丢大订单

假设老板让你销售饮水机，除非事先请示，否则每台售价不得低于 300 英镑。那么，300 英镑就是你的底线，再低你就没这个权力了。比如说，你最后谈成的价格是每台 320 英镑，然而为了保住这个价格，你答应客户 3 天送到（通常的交货期是两周），账期延长到 60 天（通常是 7 天），最低订量 10 台（通常是 30 台）。

由于一项条件被定死，其他的条件就必须做出调整，结果造成这桩生意的价值反而低于预期。从另一方面来说，假设有个大公司要购买 500 台，可他们要你把单价降到 290 英镑。你没有上报，结果丢掉了这一单利润相当丰厚的生意。所以，在授权时应该把硬性规定解释清楚，同时讲明哪种情况需要请示。

2006 年，由于网上拍卖系统的出现，网购盛极一时，几乎所有的东西都可以网购。供应商们竞相提供诱人的价格，争取客户的订单。这种情况在差异不大的商品中格外普遍。2006 年，网上拍卖的方式为零售商省下了平均 20% 费用。这种采购方式很快就适用于更多类型的商品了。

随堂案例

任何交易都要小心"便宜没好货"

一家大型零售商店要在网上采购手推车，数量高达 25 万辆。一家台湾厂商和一家意大利厂商分别提交了最新型号的产品，均符合一切规格要求。由于买家在招标前并未明确提出使用寿命的要求，所以它并不知道，台湾厂商的产品使用寿命是 3 年，而意大利厂商的可以用 6 年。

最后台湾厂商拿到了订单，为买家省下了 20% 的费用。然而 3 年之后，推车刹车部件开始出毛病，同时车轮也需要更换。结果，更换所有 25 万辆推车产生了巨额费用，由于手推车的成本是按 5 年折旧计算的，所以事实上买家根本没有省下钱。

如果谈判者有更强的责任感，规格要求就会更详细一些。他们把整个招标过程包给了外部代理商执行，授权他们拿到最便宜的价格，代理商确实也做到了。但是在规格要求上，买家想得不够周全。尽管代理商按要求完成了任务，可从长远看来，交易的整体价值低于买家的长远利益。这 3 年之内，负责采购的人已经升到了更高的职位，部分原因是当年他们为公司省下了大笔预算，其中就包括这次手推车的采购。

随堂案例

哪一顶才是最合适的帽子？

一家新建筑工地要采购安全帽，负责人是一位采购经理，他需要购买两种型号、符合身体健康和安全标准的帽子。原因是新工地上有 700 名工人，人人都要戴安全帽；安全帽必须在4 周之内送到，届时工人会就位，安全检查也将开始；工地的承包商还拥有其他工地，另外几个工地也要在数月之内开工。

采购经理把范围缩小到两家著名厂商，随即开始谈判。第一家开出的价格非常诱人，但条件是把随后几个工地的订单也交给他们，而且价格不变。第二家供应商没有提出后续订单的要求，价格也贵出 5%，而且不能在 4 周之内交货。

采购经理的直觉是应该与第一家签单。可他有个疑问：我要承担多大的风险？第一家的价格的确便宜，可要是他们延迟交货，代价要比采购费用高出上百倍。于是他又审核了一遍规格要求，想搞清楚为何这家的价格这么便宜。因为即使帽子送到了，可质量不达标，后果会怎样？样品好像没有问题，可是，万一因为安全帽通不过健康和安全审查，导致工地不能按时开工，那风险就不仅仅是帽子的事了。工地必须按计划开工，所以帽子必须按时到位，而且质量过关。

采购经理向老板请示了这件事情。最终，他们要求两家供应商提供书面保证，并且承担无法按时交货的后果。不出所料，只有第二家供应商同意了，最终拿到了订单。

这两个案例的差异就在于责任心。谈判负责人对风险的态度不一样，交易的整体价值也因此不同。任何得到谈判授权并谈成最合算交易的人必须对更广义的后果负责，否则一桩表面非常合算的交易，却有可能带来灾难性的后果。

空间和创新精神必须与责任心紧紧相连，如果这项协议的利润相当高，而相应的个人收益也十分丰厚，那就有必要设定谈判者的权限。2008 年 9 月的全球银行业信贷危机告诉我们：在追求个人收益的过程中，我们必须考虑风险，尤其是我们得到授权的时候。

大师点题

　　职责与责任心并肩而行。有些企业希望经理人具有企业家精神，并授权给他们，让他们有权力做决定、发挥创意、最大限度地拓展所谈协议的价值。事实上，潜力巨大的交易源自创新思维。创新思维来自得到授权，并因此敢于拓宽思路的人。如果你限制员工的权力，他们的思维也会受到束缚，并产生这样的想法："我根本没想过做公司的合伙人，所以这与我何干？"

　　如果想从协议中获取更多价值，你需要获得更大的授权来拓宽你的谈判空间。

第 8 章

优势兵法

"不好意思" 可能降低预期结果

当你们准备握手结束谈判时，对方却说："啊，还有最后一件事，你肯定会把灵活账期那一条写进去，对吧？"说完后，他伸出手，等着你的反应。你怎么办？

谈判中强势的一方会适当地运用威胁
来推进谈判。那些凭借力量操纵他人
的谈判者利用了对方的恐惧心理，以
及对交易失败的担忧。

你认为自己拥有多大力量？你的价值观和伦理观会对判断造成怎样的影响？这些都会影响你在谈判中的决策和行为。

你手中的力量、你和对方的关系是长期还是短期，这些都会决定你率先采用什么谈判招数。相应地，这也会影响你在谈判中的道德选择。或许你认为信任、尊重、正直、诚实、同情心和同理心都是重要的社会价值观，可是，一旦你把它们转化成对公平的渴望，你的判断和交易就可能受到影响（参见第6章）。

谈判究竟需不需要公平？这个问题困扰着很多人。例如，有些组织极为看重交易的公平与合理性，当业务伙伴玩起操纵人的花招、采取不够理智的行为时，他们就会抗议。出于原则，他们不会容忍这种行为，于是解除了合作关系。但是，这种行为里有多少商业原则的成分，有多少属于情绪反应呢？

当对方做出"不公平"的行为时，你很生气，甚至反感到拂袖而去，即便交易没谈完也在所不惜，可是在谈判中，情绪影响判断的代价你承担不起。尽量做到心平气和，识破对方的花招。你得把"我做什么"和"我是什么样的人"区分开。这并不是要你放弃原有的价值观，你只需要认识到价值观决定了你做人的原则，而这有可能影响你在谈判中的表现。

身为全能型谈判高手，你要明白，必须牵制对方的行动，否则你的清晰头脑将被蒙蔽，决策能力也会受到影响。同时你也要认识到，对方的价值观未必与你一样，对"生意该怎么做"的看法也不一定与你相同。坐在谈判桌前的时候，他们想的可能是与你完全不同的计划。谈判追求的不是公平，而是大家都朝着达成共识努力，同时双方都会做好履行承诺的准备，并且有足够的动力执行协议。

双方的谈判力量总会有差异，而且会随着时间和外界形势发生变化，这意味着你不能指望达成的协议永远是公平的、利益均衡的，甚至连前后一致都未必能保证。

但是，你可以根据形势，努力争取对自己最有利的条件。在这种情况下，有些人会耍些花招，有些人则成了花招的牺牲品。全能型谈判高手能够看穿这些招数，见招拆招。

此处我并没有暗指什么是对，什么是错。你的价值观很可能与其他人不同，大家的价值观都没有对错之分，这只能说明我们对谈判招数的诠释、理解和使用各不相同，根据形势、各人对"可接受行为"的判断标准不同，运用招数的后果也千差万别。

一般来说，如果谈判注重短期协议，双方以后不会再合作，它就很容易落在"谈判钟面模型"的价值分配区域，也就是 1:00 ~ 6:00 之间。在这种类型的谈判中，由于双方不会有长远的合作关系，所以不会有所顾忌，更容易使出各种招数。

我们的价值观会受到历史、政治、宗教、家庭教育以及社会群体的影响，这些因素是文明的基础。"公平"这项价值观为我们提供了判断、争论和认同的基础，它也像一个指南，持有不同观点的人凭借它管理人生。有些政治党派甚至以发起"追求更公平社会"的运动而著称，好像这样真的能造就更美好的社会。然而，这种"公平"的确与相关方的利益和力量存在关联。

有些谈判者会利用"公平"的概念耍些花招。西方民主社会就是为了给人自由和选择的权力，就是为了消除"受控制"的现象，只要可以选择，很多人就认为自由和公平还在。因此有些人会故意设计一些选择，暗示公平的存在。如果控制了备选方案或其他选项，你就有力量影响最终结果。

好人品不等于好结果

在餐馆点菜的时候，我们感到自己有选择，可以决定自己要吃的东西。如果不喜欢菜单的内容，我们就不会走进这家餐馆。然而，我们只能从主厨设计的这份菜单里挑，所以选择依然有限。谈判议程就像菜单，我们的选择就是改动谈判事项和相关条款，比如调整账期，交换条件是接受提价并当天签单。

如果你提供的选择太不公平，信任就很难建立。没有信任，战略合作关系就很难维系，也就是双方无法在互不相信的基础上展开合作式的谈判。社会准则帮助我们依照外界情势判断事情是否公平、合理，所以商业中的伙伴关系需要某种程度的信任。商界中，为了树立公平的形象，你需要提供选择，而且不能太过极端，否则别人很快就会认为这些选择有失公平。

个人品质

个人价值观及其对行为的影响会在很大程度上决定谈判处于"谈判钟面模型"的哪个区域。如果不加约束，这些因素将直接决定双方的谈判基调是战还是和。以下我列出了一些值得探讨的品质，以及它们对谈判的进程和结果的影响。

信　任　商业环境中的信任必须通过努力才能赢得，但却很容易破碎，它暗示你要言出必行。你从对方的视角看待讨论，分享他们的担忧，与对方一同发现并解决问题。信任不一定非要用退让交换，或是主动送上你看重的东西甚至公开你的利益点。

尊　重　尊重源自坚定。如果你总变来变去，或是太容易退让，对方就会认为你过于软弱，不愿与你做生意。谈判中任何条款都可能通过，但都来之不易。正因如此，你需要精心设计条款，做出不情愿的让步，双方才能赢得彼此的尊重，这份协议才会受到重视。

诚　信　诚信就是始终如一。有些谈判者极为重视这一点，不愿给人造成难以捉摸的印象。严守信息，行事牢靠，也会提升你的诚信度。在某些商业关系，甚至某些行业中，诚信极为关键，没有诚信就没有业务机会。有些企业十分重视诚信问题，他们在办公楼中铺设大理石走廊，采用雄浑可靠的建筑风格来提高百年老店的形象：公司的业务长盛不衰，与客户的关系也牢固持久。

诚　实　谈判中你永远不需要撒谎。你不需要告诉对方自己不准备做什么，只要把焦点放在你准备做的事情上，想着"该怎么做？""在什么基础上我可以这样做，或他们可以这样做？"为了保持始终如一的作风，你需要诚实。如果你能付 150 块，却说自己准备付 100 块，这不叫撒谎，你只是在告诉他们你打算付多少钱。谈判不能说谎，如果你撒了谎，就会承担不必要的风险。在某些情况下，双方关系以及交易的基础会遭到彻底破坏。不过，别指望每人都能遵从这个信条。

理　解　不能理解对方的需求，说明你还没有做好谈判的准备。谈判前期的计划、准备、调研，都是为了帮你了解对方的立场、动机、优先次序和兴趣点。要衡量这些因素的价值，你必须从对方的视角看待交易。对事实的理解会培养你对议题的敏锐反应，必要时还能显示你对谈判过程以及对手的尊重。

同理心　站在对方的立场看问题，能帮助你想到更多解决方案。你对他们的立场、优先次序和需求理解得越透彻，谈判形势对你就越有利。不过，永远不要觉得对不起他们，也不要觉得你有义务帮助他们。同理心指的是站在他们的角度、理解他们的处境，从而激发你的灵感，绝不要因为了解到这些而退让。

责任感　执行谈判的是你，在权限内做决策的也是你。你和对方的关系越真挚，信任程度越高，议程制定的空间也就越大，合作的创新程度也越高。唯有精心营造恰当的气氛，才能得到想要的结果。通常，企业能否获得更丰厚的利润，唯一要注意的问题就是人。想从谈判中得到更多价值，就必须为双方的关系负责。

可能带来风险的品质

开　放　谈判中，这种品质可能十分危险。因为信息就是力量，你与对方分享的越多，暴露的也就越多。但如果只是为了宣布立场，或是给对方设置"锚点"，你总会有需要传达和希望传达的信息。这也需要你保持开放和坦诚，不过要符合自己定下的尺度。如果不明白这一点，你将处于十分被动的境地。

慷　慨　慷慨会招致贪婪。如果你希望对方尊重并珍视某个条件，就要用相应的条件交换，每项条款都该如此。谈判中，慷慨没有立足之地，你给的越多，对方想要的就越多。单凭这一点，每一件事就都该有附加条件，至少它必须经过深思熟虑，是你有意为之，你可以称之为"投资"。做出无条件的让步之后，你很可能失去对方的尊重，就短期利益而言，你的获利机会无疑将受到影响。

同　情　在竞争激烈的商业世界里，你的任务就是最大限度地利用机会。你要与可以合作的、能够依靠的，以及与你有高度竞争关系的人联手。这是资本市场，与慷慨一样，谈判一开始，同情心就该退居二线，除非你已经有了长远的计划。

花招并非只在某种特定情况下使用，也并不是人人都能用，它们通常应用于一方的力量相对强大，而且想利用这种差异赢得优势的时候。如果谈判属于价值分配型，即双方关注的重点都是尽量多分点好处，人们也会更频繁地使用谈判招数。

众多谈判书籍都把招数作为谈判的基础。它们还有解释性的名字，比如"俄罗斯前线"、"特洛伊木马"等。最重要的是认清它们的本质：这些招数一般都涉及**力量指数**和**关系伤害指数**两个因素。它们既不高明也不复杂；其本意就是施加压力，通常由力量强的一方或是认为自己足够聪明、不必考虑后果的人使出，往往会对双方关系造成伤害。

关键词

力量指数 (Power Required)：要使用这一招，你手中的力量应该有多大，这种力量包括你的真实力量和对方认为你有的力量。

关系伤害指数 (Relationship Erosion)：如果这一招被对方识破，对你们的关系和信任的破坏程度有多强。

然而，这些招数的使用频率如此之高，以至于你必须能识破它们，适应它们，甚至在必要的时候主动运用它们。为了帮助你掌握这些招数，我做了归类整理，并从力量指数和关系伤害指数两方面做了评分（1 分最低，10 分最高）。这些招数可以分成 7 大类：

开诚布公

信息就是力量。对对方的备选方案、形势和优先次序了解越多，你的力量就越大。

假设型问题（力量指数 1，关系伤害指数 1）

在初期的探询阶段和谈判尾声时，你可以使用"要是……"和"假如……"等类似问题试探对方的灵活程度，或是议题的真正价值。

比如，"要是我们 3 个月后增加订货量，价格能降多少？"你不一定会这样做，其用意是了解对方的降价空间，或是后续谈判中可能调整的事项。"如果我们没能在约定期限内付款呢？"同样，这个问题是为了试探对方的灵活程度以及这个条件对他们的重要性。你可以借此检验他们能接受什么条件，在后续的谈判中掌握更大优势。假设型问题可以用来试探可能性，尤其当谈判出现停滞征兆的时候，但是使用时要多加小心，避免适得其反。这种问题的确能帮你多了解一些信息，可如果对方也用相同的问题作为回击，它也就失去了价值。

私下说说（力量指数 1，关系伤害指数 2）

这也是个有助于搜集信息的招数。一方打着帮助双方取得进展的旗号，询问另一方的看法或评论。他们可能表现得十分真诚，但这种搜集信息的行为只有一个目的：看透你的心思。出于同样的理由，你也可以使用这一招。然而，当对方要求"私下说说"，开个非正式会议的时候，别忘了其中的风险。任何暗示、信号、评价，甚至你听到对方对某事的评论后流露出的态度，都会被他们看在眼里，记在心上。实际上，压根没有"私下"这回事。你的任何反应都会被飞速传到对方决策人的耳朵里，而且很可能影响他们的决策。你可以尽量运用这个方法，不过要避免反被其利用。

开诚布公（力量指数 3，关系伤害指数 3）

"开诚布公"必须以相当的信任或互赖程度为基础。即使这样，在会议开始前或进行中有人提出这样的提议时，一般也会设置附加条件或界限。对方多半会说，"我们会把与当前问题有关的数据告诉你们，但其他领域就不必了。"还有些人会说，"我真的什么都告诉你了。"这种话一般都意味着他们并没有交底。

当人说出"真的""确实""真心实意""坦白讲""打心眼儿里"，还有用得最多的"说实话"这种词的时候，他们往往都是口是心非。谈判中，双方都处在压力之下，一旦听到这种词，就可以确定他们根本没说实话，因为为了更大的利益，他们什么都说得出来。

我们很小的时候就坚信撒谎是错的，因此我们会无意识地运用这种词语来说服对方，但这种词汇反而显得你更加虚假。你要当心这些词，也要注意"开诚布公"的长远后果。即使双方的合作非常密切，比如组建了合资公司，彻底坦诚对双方的意义仍然有可能截然不同。

对方要求公开成本时，你不但要注意已经公开的信息，更要留心没有公开的部分。一般来说，总有些事项会被隐瞒。深入调查的理由就是确保对方提供信息的真实性和完整性。

常问 "为什么"（力量指数 1，关系伤害指数 1）

这个简单的问题目的是提出质疑，适用于从谈判议程到新提案的任何事项。事实证明，这是确认原因和重要性的有效手段。人人都能问 "为什么"，好奇的孩子在吸收新知识的时候，会一遍遍地问这个问题。你得到的信息总会有所帮助，即便是一句 "我们不打算详细探讨这个问题"。在谈判前期的探询阶段，你应该问问自己，对方为什么提出这个问题？我能从中了解他们的哪些想法？

玩消失

时间对任何谈判者来说都是最有力的杠杆。对于世界上任何商品或服务，时间和情境都会影响它的价值。有时候，价值会随着时间发生戏剧性的变化，而且在谈判双方看来都是如此。

产品不能按时送到、服务不能按时提供，它们就失去了原有的价值。如果你的竞选在 6 月举行，我给你制定了一整套宣传方案，可到了 6 月份还来不及运作，那我的服务就全然没有用处。然而如果宣传可以在 3 月份开始，在 6 月份用量身定做的活动把宣传推向高潮，那这项服务就极具吸引力。服务内容没有变，但时间改变了一切。因此，摸清对方的时间期限至为关键。你如何与对方沟通时间期限，或是运用对方的时间压力赢得优势或达成交易，这些都会受到以下招数的直接影响。

最后通牒（力量指数 5，关系伤害指数 3）

"我们即将停止接受预订，所以今天下午之前，请务必告诉我们贵公司的决定。"

"如果今天可以在原则上达成共识，我们会保证你拿到这单生意。"

最后期限的压力意味着谈判者不仅可以把它当作促成交易的手段，还可以让人有 "赢" 的感觉。这一招有多种演化，比如 "由于我们公司的业务流程改了，过了今天，所有的合同都要老板签字。" 有些情况下，

一旦对方摸清了你的时间期限（比如月底前必须签订协议），他们就会把它当成交换条件，并暗示你他们并不着急。与对方谈到自己的时间底线时要格外小心，这是个非常有力的操纵工具。

最后一件事（力量指数 4，关系伤害指数 6）

这一招总是用在谈判末尾，一切都谈定的时候。当你们准备握手结束谈判，对方却张口了："啊，还有最后一件事，你肯定会把灵活账期那一条写进去的对吧？我们之前提过的。"然后他伸出手，等着你的反应。你心想，已经谈到这一步了，马上就要签合同了，我还要重新开始谈判吗？或是用更糟糕的一句"不行，我们从来都没同意过灵活账期这一条"来搞砸协议？

很多缺乏经验的谈判者会在此处让步，尽力找理由为自己开脱。"我不能因为区区 500 欧元的小事，弄砸了 100 万欧元的合同"。结束时张口的这一方，其实是在暗示这是个误会，因为"我们还以为这一条写进去了呢"。正如你看到的，这种花招对双方关系极为有害。如果另一方有足够的力量，或是足够冷静，他们就应该像刚才的正式谈判一样，提出相应的交换条件。如果对方真的忘记某个条款，即便谈判已经作了最后的总结，他们基本上也会接受相应的交换条件。

玩消失（力量指数 7，关系伤害指数 9）

当你肩负时间压力，需要推进谈判，而对方也知道讨论拖得越久，你就越被动时，有些人就会玩消失，让你找不到他们。他们会请同事或助理转告你他们在一个接一个地开会，或是出差、不在公司……任何理由都行，只要确保他们做好准备之前，你什么都做不了。

这一招经常与"设定时间期限"合用。比如你等着与买家签订产品推广合约，他们知道你的全国推广活动离不开他们，也知道签合同的截止日期是下周一，所以他们开始玩消失，认定到了周一，你一定更容易答应他们的条件。又比如，到了月底结算业绩的时候，能否达标就看这张重要的订单。对方很清楚这一点，于是一直拖着不见你，直到最后时刻才找到你提出要求。

如果能肯定对方是在玩这一招，你可以这样对付他们：故意提前你的时间底线，而且告诉他们，如果到了这个截止日期合同还没有谈定，交易就会取消，或是你现在开出的条件就会作废。这样做尽管有风险，但会为你赢得一线机会；另一种方法是引入可靠的备选方案，比如另找个客户，或是做个后备计划，并让谈判对手知道这些。如果在最后期限内得不到回音，你就只得与别人合作。

设定时间限制（力量指数 6，关系伤害指数 6）

这一招是指对方故意设定一个时间期限或截止日期，告诉你过了这个期限他们开出的条件就不再有效。随即他们提出"补偿"条件，如果你没能在这个日期之前做到某事，他们就会提出更多要求。

这个招数也可以这样用：一方基本同意了所有的条款，但一方决定争取更好的价格。他们说，"我们给你最后一个调整条款的机会，请在星期五下午 5：30 之前告知，届时我们会通知你是否继续谈判。"留出这段时间就是为了酝酿不确定的氛围，让对方忐忑不安。另一方往往会迫于压力，把条件改得再好一点。

拍　卖（力量指数 5，关系伤害指数 3）

拍卖就是为了创造竞争气氛。组织方操控整个过程，随着价格飙升，理性的判断被抛诸脑后，对于自尊心和自傲心态很强的人，取胜的愿望压倒一切。对于继续竞拍的人来说，时间是个不利因素，因此，如果你准备参与这种活动，务必在准备阶段确定一个清晰而坚决的底线。

叫暂停（力量指数 1，关系伤害指数 1）

只要你心存疑虑，无论什么原因，尽管叫个暂停，整理一下思路。想清晰判断情势并采取相应措施，你需要洞悉当前的状况或风险，计算经济得失。这一招往往用在出现新情报或是谈判有停滞的苗头，需要用新鲜视角看待整个交易的时候。有人还会这样用：时间就快用完时，一方离开了房间，最后关头才回来，导致另一方在压力下作出决策。

黑脸－白脸

这个类别里的招数对双方关系的危害很大，风险也很大。谈判中强势的一方会适当地运用威胁来推进谈判。那些凭借力量操纵他人的谈判者利用了人的恐惧心理，或是对交易失败的担忧。

肢体干扰（力量指数 10，关系伤害指数 10）

对方使出各种非暴力的身体语言，扰乱你的心神。比如侵入你的私人空间、从桌子对面探身过来、坐得离你非常近等。还有些环境方面的花招，比如让你的位子对着阳光，或是让一大群人挤到一个很小的房间。记住，你手握权力，同时也受环境的影响。因此，如果你觉得不舒服，就提出质疑，改变这种状况。你会赢得尊敬，并且为后面的会议定下相互尊重的基调。

黑脸－白脸（力量指数 7，关系伤害指数 9）

这一招基本用在团队谈判中，一个人提出非常苛刻或非理性的要求，扮演"黑脸"，另一个则开出较为合理的条件，作为白脸；或者一个人流露出轻蔑和挑衅的态度，另一些人则比较和颜悦色。这一招的用意就是让"白脸"显得更公道、更理性，也就更容易赢得认同。从根本上讲，这是在利用对比原理，促使对方合作。这一招很容易识破，对信任也有很大伤害。因此，再碰到有人使出这一招时，要看清它的本质。

俄国前线（力量指数 8，关系伤害指数 6）

对方开出两个条件。第一个很难接受，可第二个糟糕透顶，无论怎样你都不会考虑。加文·肯尼迪（Gavin Kennedy）在他的著作《万事皆可谈判》（*Everything is Negotiable*）中解释说，这个名字起源于"二战"期间，一名俄国中尉接到上校的指令，说除非服从命令，否则就把他送到俄国前线。上校有这个权力，中尉相信他的话，而且上前线的结果可以预测。所以中尉决定，只要不被送到前线，让他干什么都行。

在谈判中，这就相当于给出两个选择，你知道其中一个利润为零，而另一个根本就是个灾难，如果无法避开二选一的局面，你就只能选择"很难接受"的那一个。

帮我个忙（力量指数 4，关系伤害指数 4）

这一招打的是"友情牌"，最见效的就是用在熟人之间，"看在过去的分上，你就同意吧"，或是"帮我这个忙，我保证你的提案能过""大家互相帮忙嘛"。这种话总让人觉得不帮忙就欠了人情。你必须坚定立场，告诉对方这会影响你的利益，并解释清楚这不是私事。

引发内疚感（力量指数 4，关系伤害指数 6）

一方指出另一方违反了协议或行业规则，没能遵守承诺，或是表现未达到标准。在谈判补偿方案时，这一招最为有效，比如要求对方为造成的不便、非直接损失等作出补偿，甚至包括可能面临的风险，此处提出的需求远超常规的金钱代价。

孤 立（力量指数 3，关系伤害指数 3）

这一招是在暗示你很不合群，用意就是让你质疑自己的判断："别人都同意了，我为什么不呢？"使出这一招的时候，对方会告诉你"其他人都怎么怎么样"，重点是"可你没有"。

含意就是你与人家都不一样，你很另类，你错过了绝佳的机会，甚至不够理性。"别人都同意，就剩你了。"这种话是为了给你施加压力，突出你的孤立状态，引发你的自我怀疑。

沉 默 （力量指数 1，关系伤害指数 3）

沉默是个强有力的武器，能够动摇对方镇定的态度。谈判过程中可能出现两边都不说话的情况，因为先开口的一方很可能先妥协。对于很多人来说，长时间的沉默会让人很不舒服，单是这种不适感就足以让人退让。

沉默让人不舒服，因此很多人开口说话填补空虚。说话的时候，他们希望自己表现得通情达理，于是提出更多灵活方案，或是最终妥协，只为赶走可怕的沉默。可是，对于有经验的谈判者，他们沉默可能只是在思考下一步的行动。

沉默的最佳时机就是任意一方提出议案后。你需要等待，即使对方开口，你还可以再等一会儿。压力既然已经形成，对方就有可能因此做出更多退让。

假 面

一方设下"锚点"，即开局表明某种立场，引导对方沿着这个思路谈，他们可能会为此付出代价。设置"锚点"的目的就在于提出一个极端却仍然现实的开局条件，作为谈判的起点。

如果你首先阐明立场，而且对方也沿着你的思路讨论，那么即使被拒绝，你的立场也已经"锚定"在他们脑子里了。除非他们提出完全相反的观点，但一般情况下他们都会一心想着攻击你的立场，完全忘记了自己想法。这样一来，你就相当于把对方带进了你的主场。

预先播种 （力量指数 4，关系伤害指数 3）

预先播种的做法包括提前给对方打个电话，提出某个想法或立场，在会议开始之前对方可以表达任何情绪；或是在早期的会议中提出某个想法，因为你知道这个想法在后续谈判中会被再度提及。这样做的前提是你已经摸透了对方的想法，目的就在于调整他们的期望值。

霸气声明（力量指数 3，关系伤害指数 5）

这是一个精心设计的开场声明，目的是管理对方的期望值，一般是用陈述的形式，说出你认定的事实。你传达给对方这样一个信息：他们很想与你做生意，但你对这件事"无所谓"。

比如说"我知道你们要在今天下班前签订合同。"或者是"我想确认一下，今天的讨论是为了确保向你们开放所有的机会，帮你们争取生意。"这种话是"批判型父母"的语言，暗示着你的权威地位，用意就是让对方开口说话，并且思考下一步的行动。

恐　吓（力量指数 8，关系伤害指数 6）

这是上一招的延伸版本。一开场你就说出糟糕的结局："鉴于你们现在的表现，而且显然没有任何想赔偿的意思，我们的唯一选择就是终止合同。"或是"这笔订单金额或许很小，但如果没谈成，将影响你我之间的全部生意。"无法合作的灾难性后果会让对方震惊不已，他们会认为需要重新考虑自己的立场，或是回到谈判最初的阶段，因为挽救双方关系成了他们的首要目标。

专业假面（力量指数 1，关系伤害指数 2）

对方表明立场之后，你露出震惊的样子。无论夸张的面部表情，还是言语中透露的惊骇，都是在告诉对方，他们的立场使你非常震惊，同时也在告诉对方，你无论如何都不会答应这样的条件。这一招的用意是降低对方的期望值，摧毁他们对己方立场的信心。

复读机（力量指数 4，关系伤害指数 5）

使用这一招的人会不停重复自己的立场。重复的次数越多，话就变得越可信。他们的立场被讨论得越多，谈判就越会围绕他们的立场进行。他们就像复读机，却能把信息传达到位。当然，这也会给人留下绝不妥协的印象，可能让对方失去谈判的耐心。

哭　穷

这一类招数关系到你的谈判权限，以及他人参与决策的程度。

请示上司（力量指数 1，关系伤害指数 5）

超过某个限度，你就得请示老板或某位掌权人物。这一招的用意是说服对方在你的权限内达成协议，这样当天就可以签单，免得被老板的参与搞砸交易，或是被老板发现你已经做出了相当的让步。你也可以用这一招给自己解围："这已经超出我的权限，我需要请示后再给你答复。"

纵深防御（力量指数 3，关系伤害指数 5）

这一招指的是对方的决策过程有无数层级，每上报一层，就出现一个附加条件。典型例子是，客户说要把合同带回去给老板签字。第二天，他们打来电话说如果你再做最后一次让步，老板就签字。你不情愿地答应了。又过了一天，客户再次打来电话，说老板已经把合同交给了董事会，你只需要把账期延长到 30 天，董事会就批准。你再次不情愿地答应了，让他们一拿到批准就告诉你。

第 3 天，客户电话又来了，说董事会已经签字，现在递交给安全与保健部门做最后的审查，他们还提醒你，要想"最后"敲定协议，还需要再做一个小小的让步。你一定要了解对方的决策层级和流程，否则就会暴露在这种花招之下。

抬出权威（力量指数 1，关系伤害指数 4）

这是自行削减权力的一招。对方会说自己没有权力更改条款，他们抬出公司的政策。这种话往往只是花招，是给他们的立场找理由，支持他们的提案。"我们公司关于账期的规定就是 60 天，我也没办法呀。"遇到这种情况，你要坚守立场，告诉对方这是他们的问题，同时你欢迎他们提出建议，如何绕开这些规定，免得你把问题上报给高层。

哭 穷（力量指数 1，关系伤害指数 2）

你可以用这一招来表明预算有限，而产品的规格不能更改，你能做的只有这些："我就这么多钱，要么卖给我，要么就算了。"这一招的用意是把责任推给对方，暗示他们需要在你能负担的范围内操作。但对方可能会相应调整规格、订量、交付时间或任何可以抵消价格损失的条款。

转移责任（力量指数 2，关系伤害指数 3）

把提建议和想办法的责任转移给对方，让这些状况变成他们的问题。"这个月我们无法按时付款了，转账没问题，但要迟 5 天。你们认为该怎么办？"一旦你向对方请教，这就成了双方共有的问题。后果很可能还是由你承担，但责任已经转移给了对方。

设定禁区（力量指数 3，关系伤害指数 2）

这个招数的意思是，指出哪些问题不能谈，为谈判设定禁区。常见的说法是："我不能同意这些，所以我们还是先来讨论今天能达成一致的问题吧。"

记住，除非事事谈定，否则什么都没谈定。出于保护某些关键问题的动机，人们经常在正式谈判开始前，约定哪些问题可以谈。这一招在政治谈判中应用广泛，在贸易结算谈判中也屡见不鲜。

引入新面孔（力量指数 2，关系伤害指数 4）

当新人接管谈判，或者有新客户经理介入时，先例就可以不算数了。新面孔不必受旧条款的束缚。谈判由于人的关系受阻时，引进新成员有时可以化解僵局。他们可以带来新鲜的视角，如果你引入的新成员比较资深，你甚至可以利用他们的气度震慑对手。

众所周知，零售商定期更换采购人员，就是为了引入新面孔，以免交易双方的关系过于熟稔。引入新面孔会让双方把重点重新放在条款上，同时避免自满情绪的滋生。

偷换交易

这一类别的招数指的是重新组合谈判条款，把交易"改头换面"。不少喜欢玩招数的谈判者会利用其他关系操纵供应成本，拿到最好价格。

步步高（力量指数 3，关系伤害指数 5）

这个方法的意思是，一方提出询价，但这并非他们的全部需求。在探询会议中，你可以让对方报出各种订量对应的价格，其中就包括你的真实需求。这样可以管理对方的期望，同时试探对方成本和定价的关系，还有不同的条件组合意味着什么。此举会反映对方大部分的成本与利润结构。比如你要谈一个 3 年的协议，但开场你提出只签 1 年。随后你可以开始试探，如果合作期限延长为两年，对方愿意付出多少，然后你们就可以谈"合同期加倍"的相应优惠条款了。最后你再把条件放宽到 3 年。当然，在这个过程中，你可以要求更多优厚条件。这个步步高的方法可以用在任何条件上，它让对方逐步退让，而如果你一次提出所有要求，对方很难答应。

不必说"不"，照样拒绝（力量指数 3，关系伤害指数 2）

每次对方提出条件，你就说"行啊，只要你同意我们的……"你的条件要么同样离谱，要么能从金钱方面得到补偿。比如一方提出，"根据你们去年的采购表现，折扣率要从 10% 降到 7.5%。"另一方回答，"只要你们把今年的推广费从 10 万英镑提到 25 万英镑，我们就接受这个折扣。"

对方的反应肯定是："那不行。"此时你就可以说："对啊，所以我们也不能接受你的条件。"谈判中你几乎用不着说不，只需提出一个在金钱、风险或其他方面能抵消对方要求的交换条件即可。

捆绑式条件（力量指数 2，关系伤害指数 3）

谈判中事事都应该有交换条件，因此你可以把某些条件"捆绑"起来，比如在价值上或重要性上存在关联的问题。这种做法可以保证你提出的问题得到足够重视。谈判者有时会用这个方法保护某些条款。例如，合同期限对甲方十分重要，同时他们知道乙方特别想谈成一笔 1 万件产品的订单，那么甲方就可以把这两件事"捆绑"起来，确保对方不会忽视合同期限问题。

故意转移对方注意力（力量指数 2，关系伤害指数 6）

把一些明知会遭拒的要求纳入议程。谈判中，每退让一条，你就要求对方在其他条款上也作出相应的让步，以此谈成对你更有利的条款。比如你想缩短交货期，并争取更低折扣，于是你附加了两个要求：极短的交货期和极低的批发折扣。你明知自己会在这两个条件上让步，它们的目的只是转移对方的注意力。但这样一来，你就能在交货期和折扣方面得到更好的结果。

蚕　食（力量指数 4，关系伤害指数 1）

当你确信对方十分看重某个问题时，你就可以使用蚕食的招数，逐步达到目的。例如，你知道订货量对他们特别关键，你需要订购 15 万件，但首次只采购 5 万件。对方希望你增加订量，于是作出让步。作为回应，你把订量提升到 8 万件，之后，你又提升到 10 万件，换取更大让步，然后提到 11.5 万件……订货量的每一次增加都伴随附加条件，就这样一步步让对方退让，你将得到更多价值。

欺　骗

除了"欺骗"二字，没有其他方式能描述最后这一类招数。如果声誉或人际关系对你或你的生意还存在些许价值，那么使用下述方法之前务请三思。更重要的是，你要当心那些不认为这是欺骗，也愿意使用这些花招的人，甚至在合同签订之后，他们还会来个回马枪。

特洛伊木马（力量指数 2，关系伤害指数 7）

这个名字来源于古希腊发动的特洛伊战争，人们后来还总结了一句俗谚："当心带着礼物的希腊人"。希腊人在特洛伊城外留下了一匹木马作为礼物，特洛伊人笑纳大礼并带进了城，结果发现木马里藏满了攻城的士兵。如果交易过分美好，缺乏真实感，你就要当心了。你要留意合同里的小字，还有协议完成后的麻烦事。特洛伊木马象征专为诱惑而设的优厚条件。一旦接受，你的麻烦就大了，因为许多负面效应在签订合同时还没有显现。

故意做出错误总结（力量指数 2，关系伤害指数 7）

这个招数指的是一方在总结谈判时，故意漏掉，甚至改掉某些商定的条款。背后的算盘是你不会察觉的，或由于害怕阻碍谈判进程而不敢提出质疑。你要确保由你站在自己的角度来做总结。此外，务必在会后进行书面总结。如果你们在"双方就哪些问题达成一致"这个问题上都无法达成一致，那你们的协议很难经得住时间的考验。

故意误解（力量指数 2，关系伤害指数 8）

谈判中，为了重提已经商定的条款，对方会提出一个明知你不会答应的条件。当你表示疑惑，要对方澄清时，他们就摆出一副无辜的误解表情。这种做法的动机多种多样，但多半都是为了拖延进程，或是企图重新商谈已经敲定的协议。

故意装老外（力量指数 1，关系伤害指数 3）

谈判中的某个阶段，他们故意以语言不通为由，装作听不懂你的话。这一招在价格问题提出后尤为多见。他们的立场很坚定，却假装听不懂你的意思，你越解释，他们越不懂。遇到这种情况，你需要保持耐心，重申立场，或许还可以叫个暂停，打击一下他们的自信心，也给自己一个重新权衡对策的机会。

虚假特惠（力量指数 3，关系伤害指数 3）

我把这一招归类为"欺骗"，是因为使出这个花招的一方努力说服对方接受某个特惠条件，许诺日后好处大得很，可这种"好处"往往不会写进合同，甚至根本无法兑现。实际上，它经常以先例的形式出现："上次合作你报的就是这个价，所以这次也可以吧。"如果你碰到这样的协议，务必确保它是白纸黑字写下来的，而且合同的条件要一清二楚。

有谈判，就有招数，这是谈判与生俱来的特性。招数就像谈判者的武器库，使用它们的风险或好处，只有你能判断，你应该基于形势、动机和价值观作出决定。

如果对方使用这些招数，试图操控谈判的力量天平，给你施加心理压力的时候，会把几种招数组合使用，以取得更强的效果。例如，"黑白脸"可以和"故意骚扰"合用；"拆分"可以和"抬出权威"共用，增加他们提案的分量。我们要提高警惕，别人对我们使用这些花招时，要认清他们的本质；自己使用时，要充分认识到后果和影响。

大师点题

　　我们对谈判的认识逐渐展开：第2章中，我们了解了资本主义的概念对谈判的影响，也探讨了"谈判钟面模型"；第3章中讲到了力量对谈判策略的影响；在第4章，我们讲到影响谈判行为的多种素质；第5章罗列了全能型谈判高手的14条制胜高招；第6章分析了情绪因素，当冲突的存在被感知，情绪就会出来挡路；第7章讲的是通过对授权的运用，我们可以控制谈判的空间和压力。

　　在本章分析了价值观和一些谈判招数之后，我想我们已经准备好上场历练了。因此我们需要进行一场最重要的训练：作计划。

第 9 章

计划与准备事项

针对不同的谈判制定独有方案

市场经理为一次推广活动订购了 20 000 本宣传册，印刷厂同意在 14 天内送达指定地点，且货到付款。稳妥的市场经理为了确保万无一失，如何才能完全掌控交期？

谈判和任何技能都不一样。从我自己和
团队、客户、家人们经历中，我总结出
一条规律：对于做好准备，打算成为全
能型谈判高手的人来说，谈判将给他们
带来丰厚的、应得的回报。

在谈判准则中，若是缺少了最基础的元素，就决不能称之为圆满。这个基础元素就是计划和准备。唯有交易谈定，你才能充分体会计划的价值。以我的全部经验来看，计划和准备会直接影响你的谈判表现，进而左右结果。

首先要说的一点是：不要把知识和能力混为一谈。做个全能型谈判高手，知识的确会对你的表现有所帮助，但起决定作用的还是能力。懂得如何计算风险、制定谈判议程、设计有交换条件的提案、掌握复杂的人际关系，这些计划阶段要做的事固然重要，但如果你没有真正去做的动力，它们就毫无意义。

想把这些事情做好，你就要腾出时间作计划和准备，忽视这个阶段，你将身处危险境地。谈判过程中的各种借口，以及时间等干扰因素，无论真假，都会影响你在谈判桌前的表现。如果你在谈判之前没有准备，任何策略都是徒劳。

在谈判中，如果足够自律，作好计划和准备，你就会有最出色的谈判表现。尽管我已经尽力使计划过程简单明，但能力的积累没有捷径，你投入的时间自有回报。做好计划，你就有了机会掌控局面，有时甚至能从无到有，创造价值。

英国传媒大亨费利克斯·丹尼斯（Felix Dennis）在《88 个致富原则》
(*88 The Narrow Road*) 中提到，积聚资本有 6 个方法：继承、赌博、偷窃、
婚姻、赚得、借取。延续"赚得"的思路，我认为应该增加一种：谈判。
这是因为在谈判中，你可以通过**价值创造**来积聚资本。你可以设计出既
能实现价值、控制风险，又能最大限度地拓展机会的交易。

关键词

价值创造 (Engineering Value)：妥善运用一切待谈事项，最大限
度地挖掘潜在价值。

但是，我们首先要花点时间，把交易的各个"零件"按正确顺序组合。
在计划和准备阶段，我们有机会深思熟虑，分析每一条待谈事项的意义，
并制定相应的应对策略。

如果你玩过俄罗斯方块游戏，你就会明白其中蕴涵的技巧：把不同
形状的方块按照正确顺序放到正确的地方才能得到最高分。如果你不旋
转或移动方块，它们就会摞在一起，留下很多缝隙，也留给你可怜的分数。

待谈事项也是如此，它们的处理方式和摆放顺序需要技巧。**安排待
谈事项的时候，你的动机、心态甚至灵活性都能创造无限可能，帮你获
得最多价值。**这一切都要从作计划开始。你能在谈判中创造多少价值，
取决于如何设计待谈事项，把你和对方之间的"缝隙"减到最小，这无
疑为合作性谈判打下了基础。身为全能型谈判高手，待谈事项的数量会
影响计划和准备。

作计划是个积极主动、开放思维的过程，认真考虑交易的各方面
对对方的意义后，你就率先获得了优势。你绝不会在没有画完图纸、作
完计算、估出成本之前盖房子。凭本能你就知道，缺少计划，房子十有
八九盖不成。谈判也是一样，一旦会谈开始，你就应该保持优势地位，
掌控全局。没有计划，你多半会处于被动地位，失去控制权。

会谈不同，避免通用型应对方案

交易的独特性为谈判创造了无限可能，计划也因此必不可少。影响谈判的因素非常多，因此每次谈判中你面对的形势都会不同，即便双方已经十分熟稔。双方关系、时机、市场变化、备选方案、合同的重要性、待谈事项等因素构成了独一无二的组合。

看清每次谈判的独特之处，能帮助你在计划阶段发挥创意；还能让你"钻进对方的脑袋，看穿他们的想法"；凭借对财务结果的清晰认识，恰当处理更为复杂的形势；应对更为模糊或无形的待谈事项，这些事项往往是获得额外价值的关键所在。

随堂案例
利用业务渠道换取优惠

一场关于纸板箱在欧洲分销生意的谈判正在展开。双方在初期的探询会议上发现，供应商35%的成本来自把纸板箱运到散布各处的加工地点。

了解到这个独特情况之后，买家发现，可以用自己的业务渠道安排载货返航，这样可以节省80%的运输成本。不用说，买家用这个载货返航的机会交换了其他的优惠条件。

这是个经典案例，一方深入了解了另一方的业务模式、成本和流程，并运用这些信息成功获取优惠。

有一点很重要：尽管你已经花时间做了准备，但由于每次谈判都独一无二，所以你要做好心理准备，迎接意料之外的问题。会谈中，新想法、新形势和新问题会逐渐浮现，表现形式可能是对方的提案，或是某种你从未想过的需求。

面对这些新问题，你需要花时间想想它们的含义和后果，当然也要考虑如何应对，但是千万不要因为还没想清楚后果或无法准确预计风险就拒绝这些新想法。对方的提案往往会透露哪些事项对他们很重要，而且新想法也能帮助你读懂对方的心思。

质量好、价格低与交货快如何兼得？

谈判中，与价值有关的行为包括：

◆ 给出价值；

◆ 创造价值；

◆ 分享价值；

◆ 保护价值；

◆ 夺取价值。

准备战术时，你要根据"谈判钟面模型"决定策略。如果你打算提价，却不想给对方相应的回报，那么除非你的客户能把涨价转嫁给他们的客户，否则他们很可能认为你在"夺取价值"。如果谈判发生在 4：00 区域，你又掌握了足够的谈判力量，你就可以夺走这部分价值，对方只能退让，但在强行提价之前，你要衡量一下双方的力量对比。比如说，你可以让孩子做任何事，可这不一定是最好的做法，你要考虑这对亲子关系的长期影响。换句话说，你的力量越大，备选方案就越多，但是你还要考虑双方的长远关系。

无法兼得的 3 种价值

谈判和做生意一样，如果对方开出的条件包括交货快、质量好、价格便宜，你就只能任选两种。换句话说，如果对方说 3 个条件可以兼得，那你八成遇上了"好得不像真的"事情。对大多数供应商来说，"交货快"意味着附加成本；"质量好"往往成本也更高；"价格便宜"可能实现，但质量一般都会打折扣，而且交货速度未必符合要求。

生活中，这样的例子比比皆是，比如汉堡包里牛肉的质量肯定不如好牛排；买头等舱的机票不用排队，可这得花一大笔钱；亲自种植并照料花草，你将以很合理的价钱收获一个漂亮的花园，可这需要一两年时间。这3种价值彼此牵制，就像风险总是与收益并存，一个因素总会影响另一个。例如想降低风险，就要提高成本。相反，如果你打算多冒点风险，回报可能会相应增加。

整体价值是什么意思？

大多数谈判都有核心议题。从租赁办公场地，到工会商谈改善工作环境，或是讨论市场预算分配的国际谈判，都符合这个规律。因此，你可以抓住这个机会，围绕核心议题，提出交换条件，得到更好的谈判结果，而这些交换条件也会影响整体价值。

随堂案例

爱老婆，就不砍价了吗？

YouTube 上有一段视频正是"不惜一切代价砍到最低价"的绝佳例证。一个商人模样的男子正在电话上与牙医商量拔牙费用。他不断地对牙医强调，便宜最重要。

他是这样"谈判"的：先答应不需要护士，又免掉了麻醉针，几轮砍价后，牙医基本上就得硬生生地把牙直接拔出来。这意味着病人要忍受极大的痛苦，换来最低的价格。然后笑点来了：价格谈定之后，这位商人答应当天下午就把太太送过去。

当然，我们都能拿到合算的价格，但代价可能是质量较次的产品或服务。

尽量不要让价格成为争论的焦点。它是各类议题中最没遮拦，也最富争议的议题，单独提出的时候尤其如此。即使你用极富创意的方式谈好了诸多条件，却把价格留到最后，那你谈判可能会结束在4：00的压力型谈判区域。没了退路，你在收尾阶段就会陷入僵局，对方会认为价格才是你们唯一关心的问题。因此，你要尽早提出价格问题，并把它与其他事项关联，附带交换条件。这样你就可以在后续的谈判中再次协商价格问题。

所以，整体价值不仅在于双方在哪些基础条款上达成一致，还在于这桩交易能否真正实现你想要的价值。

随堂案例

4% 的风险换来 60% 的利润

一家位于巴塞罗那附近的陶器厂在与一家连锁酒店商谈合作事项。酒店想买 2 000 个大花盆，每个高 1.5 米。采购方很想与厂家签一个及时替换产品的协议。他们知道，虽然对花盆采取了保护措施，免遭客人损坏，但每年仍有 5% ~ 7% 的花盆由于摆在泳池边被游客不小心打碎，所以他们想在破损后，及时从厂家拿到一模一样的花盆。

陶器厂开始并不赞同这个"替换协议"，但他们很快发现了其中的有利条件。谈判初期，双方就价格、交货方式、订货期、损耗、付款条件等常规问题进行了商讨。厂家的代表是销售总监卡洛斯，酒店方的代表是采购负责人罗德里戈。做足准备，计算过数字之后，罗德里戈率先提出了一个基于风险的提案。

"如果你们能在 3 年之内免费替换破损的花盆，数量不超过订单的 10%，我们就承诺在接下来的 3 年内每年购买 2 000 个，供新开张的酒店使用。"

卡洛斯知道，花盆的成本只占售价的 40%。陶器厂的毛利有 60%，因此，如果接受这个提案，实际的潜在风险只有 4%，但他能换回一纸长期合约，其价值远远超过最高 4% 的风险。于是他们继续讨论了其他 12 项条款，并达成最终协议。

双方本可以揪着价格不放手，结果可能是酒店落得糟糕的服务，而且需要替换花盆时却没了库存，但双方都顾全大局，愿意结成合作伙伴关系，提升了交易的整体价值。正是最初的风险交换，让双方有了达成一致的动力。双赢的预感促使他们并肩合作，谈成了一个可持续的、紧密合作的协议。

当你必须依靠对方积极履行合同时，如果他们的表现不佳，你或你的企业就要面临风险。所以你要认真考虑"坚持到底"的问题，也就是说，你应该自问："如果他们没能力履行义务怎么办？我们如何在原始协议里体现这种风险？"

你的条款要保护自己的利益，假如对方没能遵守承诺，你要确保得到足够的补偿，而且要把后果和补偿写清楚，避免就此问题重复谈判。

6个关键待谈事项

大部分谈判都有 6 个主要的待谈事项，你可以基于它们拓宽谈判空间，网罗一切影响整体价值的议题。一旦界定清楚它们的价值，你就可以继续衡量每项议题带来的结果。在准备和计划阶段，你还可以根据这 6 条延伸出许多相关条款。从商业谈判到政治协商，这 6 条待谈事项贯穿了各种类型的谈判。

事项 1　价格、费用和利润

协议中可以包括不同的价格体系。它们可能与以下问题相关：

◆ 产品或服务的用途；
◆ 地域价格差异；
◆ 忠诚度。

这些问题应该直接与其他 5 个主要待谈事项挂钩。由于价格十分公开、透明，如果没有与其他事项组合在一起谈，往往会导致激烈的杀价行为。因此，要尽量把价格与其他问题绑定。

事项 2　采购量

谈判几乎都会涉及采购量，在多数案例中，价格和采购量存在直接的关联，除非你购买的是一次性物品、事件或特殊的实体物件。规模经济通常在这里得以体现，许多企业都有成文的折扣政策，它相当于普通价目表的延伸，也是为了防止反复谈判。批发折扣有时也会以返点（订货量达到一定数量返给你的折扣）的形式出现，或是订货越多折扣越低，奖励买方的忠诚度，鼓励大规模订单。

事项 3　交　付

交付问题包括何地、何时、通过何种途径交付。不仅实体产品存在交付问题，服务同样要在协议时间内提供给客户。交付期限确定后，相关的违约条款也需要商议，也就是对方无法准时交货会有什么后果。你可以采用惩罚条款的形式，或是其他补偿条件，万一承诺没有兑现，这些条款可以保护你的利益。

建筑行业就通过这种方法规定工期。承包商必须在指定时间内完工，后续工程才能开始。如果他们没有按期结束，主承包商和次级承包商们都要被罚款，因此双方要把与工期相关风险和后果谈好，写进协议，要求次级承包商承担责任。而后者也会提出，如果遇到天气等不可控因素，双方要共同承担风险。比如"如果在工期内有一半以上时间是阴雨天气，我们可获得 10 天的免责延长工期。"

事项 4　合同期限

想想合同执行期间会遇到的事情，开始、终止、暂停、取消、重新开始……每个问题都会引发不同状况，你可以想象，与合同期限相关的待谈事项该有多少。期限问题对于租约谈判最具价值，因为 5 年的合约肯定比1年的更稳定、更安全。就算是可以自动续约的合同，也要考虑某一方主动退出的情况。还有一个保护合同期限的条款是"终止条款"，把某方在何种情况下可以终止合约，要承担怎样的后果规定清楚，同时谈好何时可以更新合同。

事项5 付 款

付款条件的设计方式多种多样，它可以反映出各方的风险和承诺，也可以单纯为了提升交易的价值。付款问题可以拆分成以下细则：

◆ 付款时间；

◆ 预付款；

◆ 分期付款；

◆ 何种情况下可以接受延期付款；

◆ 付款延误如何惩罚。

与付款相关的条件形式多样，比如与双方的表现挂钩、可以赊账、合同执行一段时间后再付款、可以退款、有一定的信贷期等。

有时候，付款条件可以反映某方现金流的需求、与信贷声誉或过往表现相关的风险，或是单纯反映主导方的标准条款。无论是哪条属性，付款条件对双方的财务都有影响，应当作为主要待谈事项。

事项6 规格与细则

规格与细则涵盖了与产品或服务质量相关的各个方面。举个简单的例子，成衣的规格包括尺码、面料、洗涤方法、纽扣、拉链、衬里、织物后期处理、展示、包装，每一项都有诸多选择，而且会影响成品的成本和价值。

想想看，如果某家公司需采购飞机，恐怕要有上千条规格细则，每一条对合约的最终样貌都会产生影响。产品或服务的复杂程度、采购的地点、财务事项、相关各方的人际关系都会影响到规格的详细程度与待谈条款的数量，所以每一条都是主要事项。

门槛战术与蚕食战术

只要谈判的焦点落在价格上，双方就很容易再谈其他事项，以求抵消价格的影响。通常一方会提出其他方面的条件弥补损失。全能型谈判高手会确保其他 5 项与价格变动紧密相关，这样一来，尽管有价格压力，整体价值也能维持不变。

换句话说，就是综合运用所有待谈事项，保护或增加整体价值。每件事都有附加条件，你可以借此保护整体价值，如果某一个条款变动，那么其他条款也应该作出相应调整，抵消它造成的影响。

随堂案例

各让一步，为何不拆分双赢

一家名叫"禅"的营销公司要与客户进行谈判，内容包括提供创意、制作网站和相关印刷材料。"禅"公司的标准条款是，一切相关材料的版权都归公司。换言之，无论其他条款怎样，版权一定要握在"禅"公司的手中，即使客户已经支付了创作费用。可与此同时，这家客户的标准条款也规定，应保留一切为自己度身定制的营销材料的版权。

谈判中，双方把相关工作进行了拆分和归类。大部分内容专为这家客户设计，而且是原创；有些工作基于软件，将来别的客户或许也能用，这样"禅"公司的成本就会低一些。双方最终确定了全部的版权归属。如果双方都坚持维护自己的"标准条款"，谈判就很可能陷入僵局。但双方围绕版权问题，把工作进行了拆分和重组。两方的互赖关系，还有积极寻找解决方案的动力，让交易变得足够灵活，最终达成了可行的解决方案。

下面讲的是一位餐馆老板如何运用创意，坚持不懈地谈成了两年之内不会涨价的合同。

📋 随堂案例

25 瓶香槟 =5% 提价

一家连锁餐馆决定就酒水问题与供应商谈判，老板请来了两家香槟酒供应商。他比较中意的这一家在过去 6 年里一直为餐馆提供 4 种香槟，因此他们提出每年提价 5%。

餐馆老板有个最佳备选方案：另一家供应商也能提供同等质量的好酒，香槟种类也多，而且价格略低，但这家供应商也提出了同样让餐馆老板无法接受的条件，他们不愿接受餐馆的退货政策，这一点之前一家则愿意接受。

餐馆老板再次总结了现有供应商的意思：“这么说，你们愿意与我们合作，但希望订一个期限较长的合同，而且想拓宽产品线，推广这种 90 美元一瓶的粉红香槟。”

他接着说，“如果你们在未来合同期内不提价，我就把这款香槟列入酒单，并把合同延长为两年期。”

酒商的销售经理立即拒绝了这个提议，表示提价的政策不容协商。餐馆老板每年要购买 500 瓶酒，所以他换了个角度说：“如果你送我 25 瓶粉红香槟做推广，我就同意提价。”

销售经理很感兴趣，因为他在库存问题上还有点权力，而且他特别希望推广这款酒。他的回答是：“只要你预订 100 瓶粉红香槟，我就送 25 瓶给你。”

餐馆老板再一次打出综合牌，为敲定合同做最后一次努力，他说：“要是我们今年的订购量超过 500 瓶，那明年你就不要涨价，没问题的话现在就签合同。”

到了这个地步，合同无疑是敲定了。这个过程包括了预订带来的动力、更合理的库存，还有确定不变的未来定价。

　　计划和准备需要花费时间和精力，综合运用待谈事项，其价值会超过各部分的简单加和。造飞机或创作艺术作品与谈判一样，都需要计划、准备、精心设计。然而，做实物的时候，很容易看到计划的重要性，准备协议则未必如此。造飞机的时候，你很容易想象设计和装配过程，无论能否起飞，你都要先把零件拼在一起。艺术家面对空白画布的时候，需要有灵活性，也要想象出画面该有的样子。在这两个例子中，要得到成功的结果，备选方案和创意都占据了举足轻重的位置，当然，构思的能力也必不可少。

　　身为谈判者，你的准备阶段始于检查待谈事项，把适合的事项搭配起来，为自己争取更多价值，见图 9.1。各个行业的设计和列提纲过程有很多共同点，但由于谈判要面对时间压力、潜在的后果和困境，我们很容易忘掉计划该怎么做，于是忽略了某些想法和可能性，导致交易不够理想，甚至谈判也有可能破裂。在计划阶段，要扩大谈判空间，抓住创造价值的机会，第一步就是透彻理解备选方案，把各种条件组合运用，让交易不但有可能谈成，还能收获更大价值。

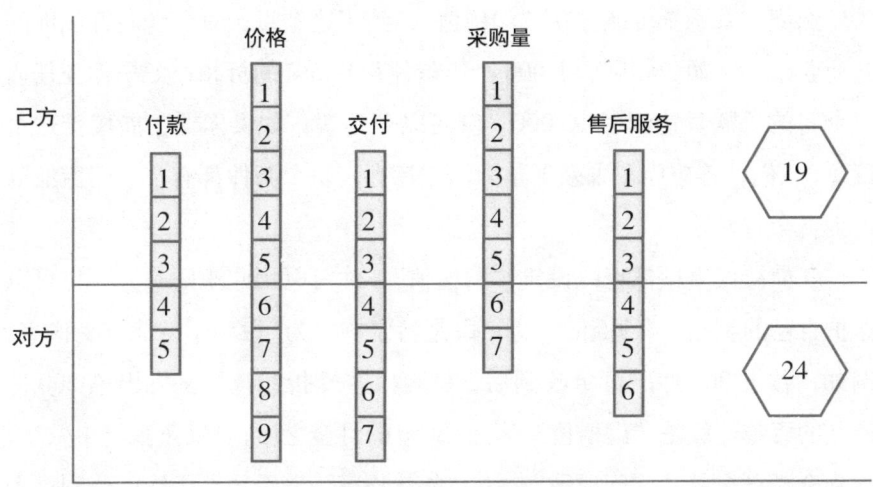

图9.1　待谈事项的权衡与妥协

身为创意型谈判者，你可以在交易和双方关系中寻找各种组合搭配的方式，创造协同作用，首先要从对方的视角看问题。召开前期会议，检查你的准备工作，以及持有怎样的假设，这个方法能帮助你更清楚地看到交易如何逐渐成形。大型的谈判中可以这样做，比如企业为了节省成本并购另一家企业；小型谈判中也完全适用，每次你提出低成本高价值的交换条件来节约成本、提高效率，或争取到更优惠的条件时，都可以这样做。

如果想找到双方的认同点，那么，组合搭配各种待谈事项，调换各项任务的负责人，改变绩效标准、折扣的起点、合同条款等，都是必不可少的动作。与此同时，各类谈判条件的组合方式不同，创造的价值也不同。在这个阶段，你想得越周全，思路越有条理，谈成优质协议的可能性就越大。

设定"门槛值"

多数待谈事项都存在关联，例如采购量，数量从 1 ~ 10 000 亿都有可能，这个数字的变化当然会影响其他待谈事项。

然而，采购量可能存在"门槛值"，到了这个点，对方就会答应你的其他要求。例如，你采购 1 000 个，就能得到 5% 的折扣；如果你在任何一个月的采购量达到了 10 000，就可以免运费；如果你现在能接受这个订单，我们就答应你在未来半年内清空库存。每个条件都有个"门槛值"，达到就会有好处。

任何待谈事项都可以设定"门槛值"，你可以用它激励对方，也可以保护自己的利益。"门槛值"也可以是特定的行为，做到了就能享受优惠。例如，首批 200 件的订单收到后，就可以享受折扣政策。发出第 200 件产品的订单这就是"门槛值"；收到 20% 的订金之后，付款条款就生效了。接到全额订金就是"门槛值"。谈判条款与行为表现挂上了钩，达到这个"门槛值"，其他承诺就开始生效。

谈判一旦开始，你就可以逐渐加码，可以设置"数值门槛"或"行为门槛"，这取决于你想得到的东西。对于任何待谈事项，你都可以：

◆ 随时进行调整；

◆ 把它与其他事项挂钩；

◆ 为它设定一个"门槛值"；

◆ 逐渐加码。

蚕食法

例如，如果对方可以提高服务响应速度，你就答应把账期从 45 天缩短到 40 天；如果对方配送备件的时候能够配合你的时间，你就接受 36 天的账期。或许你知道对方特别想要 30 天的账期，因为这是他们的"成功象征"。所以你最终接受了 30 天的条件，但你要缩短终止合作的通知期限。你本来就打算同意 30 天的账期，可每次你都多得到一点价值，或是降低部分风险。此时，你已经计算出结果：尽管 15 天的账期占了成本的 0.5%，可你得到的让步值是 1.1%。

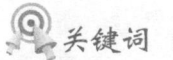 关键词

> 蚕食法 (Salami Tactic)：与对方谈条件时，每次加码一点，同时每次都要求一点回报。

条款有风险时，为何不购买保险？

商业世界的变化导致了合作的不确定性。就算你们是合作伙伴关系，彼此的战略紧密相连，可双方都在不断地重新评估自己的战略，在这种情况下，你怎么能保证双方永远合作无间？

永远不要指望事情一成不变。未来会变，待签的合同也会变。所有的事物都会随着时间改变，绩效表现、可靠性、市场，还有消费者都可

能发生变化，这些因素的确时常变化，影响你对利润的估算。

在计划阶段，你应该把这些不断变化的因素考虑进去，正视风险往往能帮你谈成更有价值、更稳妥的协议。"好价格的烂交易"之所以存在，是因为尽管谈成了一个好价格，可你接受的其他条件太过宽松，对方考虑到低价格带来的安全性，认为值得让利。

一个能保护你免遭变化影响的保证是有价值的，责任和责任心也是有价值的，而且它们的价值往往大于你为此支付的成本。同样，一张可以灵活改签的机票的价格或价值，对你和航空公司的意义也不同。对你而言，灵活改签带来的便利很有价值。

假设会议结束很晚，你没能赶上飞机，就可以通过改签机票，在当天赶到家。可对于航空公司来说，大多数情况下，提供灵活改签服务的成本几乎可以忽略不计。所以，这种能让你免遭变化影响的保护措施价值几何？或者说，变化给你造成的成本价值几何？这都要看你面临的具体情况。

有创意的谈判者懂得，要看透对方的心思，然后提供便利、灵活的选择，进一步提升协议价值。**当风险很难计算或不容易达成共识的时候，保险就成了待谈事项**。你可以运用保险条款，保护自己或对方免受风险影响，或是坚持让对方想出对抗风险的办法，这样一来，你就能抵消一些不确定因素带来的损失。

出于众所周知的风险，你无需多想，就会同意购买财产保险，或是为房子本身买保险，因为对很多人来说，房子就是最重要的资产。同样，很多人会为自己的健康、车子上保险，甚至会为洗衣机投保。为潜在风险投保，是一种进一步抵抗风险的做法。谈判者在寻求共识、平衡风险的时候也会运用这种思路。

你在谈判中提出："为了避免你方无法如期完成支付造成的损失，我们保留处理库存的权利，或是为这笔货款投保。"保险金将被计入总价。基于你预见到的风险，双方同意把风险问题纳入谈判内容，不管采取何种方式，你都减弱了它的影响。

保护手中的价值

保护好你认为已经获得的价值。要是对方没能履行与交货方式、产品规格或支付相关的条款，你要承担什么后果？你该如何运用谈判条款保护这些价值？就风险展开谈判，首先要找出妨碍合同顺利执行的风险，然后确保协议中存在能反映双方风险的条款。

如果不希望去餐馆吃饭的时候盘子里的菜被做手脚，你就要善待服务生。同理，如果希望合作伙伴的积极性与你一样高，你也要善待他们。风险出现的形式多种多样，且很容易被忽略，因为它们造成的影响未必会立即反映在损益表上。关于这一点，你可以问问 2004 ～ 2009 年间销售过抵押贷款的银行，忽视风险必将自食恶果。较好的做法是发挥创意，把它当成谈判条件，与主要待谈事项做交换。我们应该向保险公司学习，把风险当作实体问题处理。

确定责任

风险列清楚后，你就可以把重点转移到明确责任上。谁来为风险担保，谁来降低风险，谁来承担后果。你的下一步就是在提案中反映出风险承担或补偿的条款。挑战与机会都来自于深入理解双方看待风险的态度。如果有过不愉快的经历，为之付出的代价仍让你心痛不已，你就会倾向于保护自身利益，在你眼中，这种保护措施的价值大于对方为此付出的成本。

知名经销商会为二手车提供质量保障，我们明白其中的价值，因此，即使他们的要价比私人买卖贵，我们也会接受。许多人认为这钱值得花，他们购买的是保障，是信心，因为这笔费用就是总价，质保期内出现问题也不用支付维修费用。他们买的是确定性，因此愿意付钱。双方对风险程度往往存在不同看法，这取决于他们自己，以及面对的形势。

对于风险，双方各执一词

正如供需关系、时间和情势会影响谈判中的力量分配，风险和回报也会影响我们对投资机会的看法。不同行业有不同的风险评估手段，处理方法也不一样，或是规避，或是为其投保。某些情况下，如果交易对双方有战略意义，他们甚至会做好心理准备，接受某种程度的不确定性。长远来看，考虑到潜在的价值，忍受一些不确定或许十分划算。风险这个待谈事项并不是坏事，也无需刻意回避，你只需认清它、理解它、并把它管理好，见图9.2。无论你是个投资企业的私募基金公司，还是与人谈判采矿权，你都要把风险考虑进去，并且体现在协议里。

打个比方，你如何看待庭外和解？这是成本还是价值？是风险还是收益？公关公司该如何看待一场糟糕的公关活动？对公司声誉的影响有多大？捍卫公司声誉的法务费用又是多少？遇到这种风险，投保大概来不及了，因此你需要尽可能保持客观，定下底线，摸清对方的想法。每个事例都独一无二，只能由要承担后果的人作出判断。

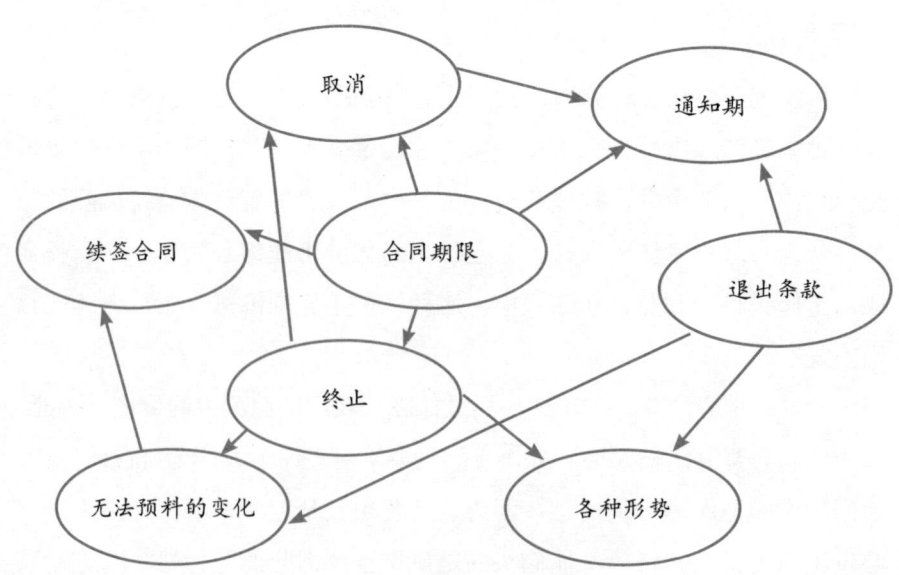

图 9.2　与合同期限相关的风险

假如你是个服装买手，要采购最新一季的时装。你同意加大订货量，换取更低的折扣。但是，你忽略了仓储问题、剩余库存和下一季这些服装不再流行的风险。要管理风险，就要将这些后果考虑在内，如果单是谈成了最低价格，协议的整体价值可能很低。

随堂案例

运用附加条件，巧妙控制风险

2010 年的某报纸登出的一则旅游保险广告，可谓风险管理的经典案例，每条服务项目都附带相应条件。我当时就把广告内容抄了下来：

◆ 本保险不限旅行次数，但任一年度内，单次行程不得超出
30 天，水上运动不得超出 17 天；

◆ 全球联保，不限年龄（70 岁以上人士除外）；

◆ 每月只需 10 美元（最低签订 12 个月，前 3 个月费用为每
月 10 美元，此后每月 20 美元）。

每项服务都有附加条件，有的降低了风险，有的减少了服务成本。这个例子之所以如此醒目，是因为那些附带条件甚至没印成不显眼的小字。

如果你这个月忘了还房贷，银行会希望你在第一时间补交欠款，还会对你迟付的款项收取利息，这种方法应该用在任何有风险的协议中。如果没有考虑这一点，你就会面临责任不清的局面，万一承诺没有兑现，你就会不知如何是好。

一个预估风险的方法就是提出"如果……会怎么样？"的问题。例如，

◆ 没能在规定时间内交货；

◆ 规格没有达到要求；

◆ 他们要提前终止合作；

◆ 对方的形势发生了变化；

◆ 我们的形势变了，而且我们需要合同更具灵活性；

◆ 汇率出现了极大波动；

◆ 对方更换了负责人。

类似的问题还有很多。潜在的变数太多，很多企业因把它们用小字写进"标准条款"而著称。这些风险都是双向的，只要有可能，你就应该把它们纳入谈判议程。

给条件排先后顺序

在谈判的准备阶段，我们应该如何安排繁杂的待谈事项？在包含多项议题的谈判中，你需要把组合好的待谈事项拆分、重组，把各项条件挂钩，调整与待谈事项、利益、优先顺序和对方需求相关的条款。

多数交易都包含多项议题，每当有新条件提出，交易就会发生变化。整体价值会不断改变，直到双方把条件全部敲定。这个过程就像流沙一样不断变化。大小、长短、厚薄，全部在变。因此，你很难记录交易的过程，以及变化造成的影响。对于这种情况，全能型谈判高手会使用一个名叫"谈判记录表"的工具。

谈成一个包含诸多事项的协议十分艰难，因为你要在各个具体事项间周旋，同时时刻关注全局和整体价值。例如，你需要确定某项工作必须在月底之前完成，同时你还要考虑哪些因素超出了你的控制范围，比如某些事情会导致承诺无法履行。谈判双方可以把这些事情进行分类，作为工作延期的正当理由。

谈判中，尚未谈定的问题可能给你带来麻烦，你可以仔细寻找一切可能。只要其他条件都达成了共识，你就可以在原则上同意某些尚未敲定的条款。有必要的话，你还可以撤回部分提议，以防某些后期讨论的条件无法谈拢，或交易总体上无法接受。

寻找可能性的时候，需要注意切勿流露任何信号，让对方知道你打算同意哪些事情，或是哪些事情对你特别重要。假如对方明白，其他所有条件都谈定之后你才会考虑某个提议，而且对任何提议都是如此，那么你可以先在原则上同意它，这没关系。当双方存在一定程度的信任，谈判氛围也适宜，交易的样貌可以被调整、改变。大多数议题都存在一定的关联，因为它们都会影响总成本或总价值。

我曾听到有人把棘手的谈判比作 10 000 块的大拼图。首先，你要把拼图块进行分类，比如边角部分放在一起，然后按颜色分成小堆。之后你开始从局部拼起，有些地方空着没关系，随后再找，先继续往下拼。你需要耐心和韧劲，还得注意全局。你知道小块拼图的数量齐全，只不过是先后次序和彼此搭配的问题。玩拼图的时候，画面在你眼前渐渐成形，你也能得到即时反馈，知道自己拼的对不对。可在谈判中，你只能参照对方的反应，只是执行任务的方法与拼图很像。

玩拼图时，下一片要么合适，要么不合适，而谈判中，如果情势发生改变，早先被拒绝的提议很可能会被接受；玩拼图时，一开始你就知道这个任务可以完成，因为该有的你全都有。在谈判中，你却不敢如此确信；玩拼图的时候，结局可以预测，因为成品的样图就印在盒子上，但在谈判中，交易的样貌却可以改变，而且时常发生变化，这完全取决于谈判双方如何回应彼此的想法和定位。

时效压力与有意拖延

你可以争辩说，一切让步都可以接受，只要对方接受相应的交换条件，抵消让步的代价。有时你连涨价都可以接受，只要可以降低成本，或是其他方面对方可以做得更好，能够中和涨价的影响。

然而你要留意谈判前期商定的条款，时刻关注它们会对后续讨论或其他条款造成的影响。创意型谈判者明白，只要能找到认同的基础，任何条件都有可能实现。如果你能找到对双方都很重要的议题，你就可以在双方都愿意接受的基础上着手规划这桩交易，挖掘更大的价值。

懂得了殊途同归的道理，我们就会对新机会保持开放的心态。然而，允许新想法出现在谈判桌上的同时，我们仍然要把重点放在自己的策略上，保持平衡，关注整体价值。

谈判中你无需对每一条提议都立即表态。有些事项需要花点心思和时间考虑，然后给出答复。多数情况下你都可以把某些问题暂时搁置，比如付款和合同期限，先谈其余条款，比如采购量、折扣、订货流程，谈好后再回头商量其余问题。

如果待谈事项很多，使谈判变得十分复杂，你可以在没有时间压力的情况下尽量拖延，考虑各种可能。如果你需要请示上司或听取利益相关方的意见，那就花时间向他们咨询，再回复对方。如果你的想法新颖，或是要处理诸如灵活性、便利性或风险等比较虚的问题，你尤其需要这样做。

对新想法保持开放的心态

灵活的心思不仅有可能帮你得到更好的结果，还能让你想出新点子，如果你的思路太过单一，很可能在早期就把这些新想法屏蔽了。

◆ 如果你的目标是可持续的利润增长，那就给自己留出时间，积极地探索可行性方案；

◆ 如果你的谈判目标是解决冲突，那么可行的方案必定很多，而且各有千秋；

◆ 如果你需要与工会就"工作实务改革"展开谈判，可行方案也有很多，每一种都能引导对方接受变革。

条条大路通罗马，因此，即使形势不甚明朗，或是对方的行为不够理智，你也要把注意力放在寻找解决方案上。下次你想迅速解决问题，发现自己在考虑妥协的时候，扪心自问："我应该花钱买安心，早点得到承诺，还是应该多花点时间，耐心处理？"在整个谈判过程中，你一件事也没有同意，可是对那些显然不能接受的问题，你的态度又显得过于开放。这当然会引起对方的误解，就像你在传达错误的信息。

你的态度和反应需要保持一致，必要的时候，你可以指出某些问题是多么棘手。放慢速度，给自己留点时间好好考虑。认真想想"如果……会怎样"，换上"如何做到"和"在什么情况下可以"的心态，而不是动不动就说"不""不行""做不到"。当你无法纵观全局，这种话特别容易说出口。

有创意的谈判者会把交易"改头换面"，避免出现僵局，推动谈判的发展。同时，他们也提升了交易的整体价值。你对对方的立场和兴趣点理解得越透彻，这一点就越明显。

努力把焦点放到你能做的事情上，把不自觉的责备和辩护心态换成客观的"调查核实"，提出以解决问题为导向的议案。比起打压对方的条件来讲，解决问题的回报更大，也更具持续性。

随堂案例
解决问题，而非趁机要挟

一位市场经理要与印刷厂订购 20 000 本宣传册，需要在 14 天内送到，届时推广活动将正式开始。制作这些宣传册的目的是为了支持周末促销活动，一旦过期它们就会全部变成废纸，所以送货时间成了关键问题。双方商定了价格、付款方式、规格等事项，印刷厂也答应在 14 天之内送到，而且是货到付款，如果买家没能按时收到货，可以拒绝付款。

尽管印刷厂承诺按时送货，让市场经理稍感安心，可厂家没做出斩钉截铁的保证，而且这次促销活动非常重要，于是市场经理再次强调了时间的重要性：万一交货延迟，无论出于什么原因，这些册子就全废了。印厂的销售员立即回答，他无法绝对保证按时送到。

市场经理停顿了一下，说道："我们怎样确保准时到货，没有一点儿风险？"

销售员回答说："我们可以自己租货车送货，但这样的话，成本就要增加 500 美元。"这个订单的总价是 20 000 美元，市场经理暗示对方，如果可以免费提供这项服务，他就签单。

销售员提出了一个想法："如果把册子送到我们在当地的仓库，离你们办公室只有两英里，你们有办法连夜去取吗？"

市场经理回答说："如果你能在 12 天之内送到，我就可以安排。"交易就这样敲定了。

双方这种以解决问题为导向的思路避免了僵局的出现，也没有增加成本，于是他们展开了积极合作。

谈判前，先熟悉下"工具"

下面讲的可能是谈判中最重要的东西，我把它们留到最后，是为了方便你翻找作为参考，也便于你与别人分享。如果说准备阶段极为关键，那么，整个团队一起作准备，使用相同的思路、语言和方法与准备本身同样重要。

这一节会讲到多个标准工具，它们简单易行，而且前后连贯，能帮你树立自信，让你感觉踏实。这些工具能让你站在对方的角度评估待谈事项的重要程度和价值，并制定出能使谈判价值最大化的议程。计划过程的优点就在于，你可以从自己的主要待谈事项开始，比如价格、采购量、时间表与合同期限、规格和支付条款等，随后仔细检视隐性成本。在计划和准备阶段，你有机会算出对方的成本，以及每个待谈事项对于他们的价值。

待谈事项对整体价值有多大影响，对此谈判双方看法不一。**你认为某些事情非常重要，价值很高，对方可能不这么想。**但你会对这些事项进行客观评估，因为你已经认真思考过这些待谈的议题。你会采取比较灵活的处理办法，考虑行动方案时，你可能在某些事项上做出让步。

检视各种可能性和待谈事项，理解对方如何看待这些事项的价值。计划本身就是个主动的行为，如果你留出时间，仔细研究各种可能性，那么在进入会议室之前，你就已经占得了先机。你应该操控备选方案、议事日程和整个谈判过程，而不是暴露在市场压力之下，被动接受对方施加的各种压力，例如时间、形势或供需关系。

计划的流程

众所周知，作计划的第一步就是头脑风暴，在谈判中，我们称之为"变量风暴"。这是计划的起点，在这一步，你可以邀请其他利益相关方贡献想法，或是挑战任何一个预先假设。

有个事实令人相当惊讶：别人总能发现你没有意识到的风险，因为你陷入细节太深，或是对后果考虑不够周全。为了使计划过程简单明了，我们设计了一系列图表工具，它们非常符合逻辑，全球上千家企业都在谈判准备阶段使用它们，见表 9.1。

表 9.1　计划工具清单

工　具	目　的
变量风暴（蜂巢图）	帮你做好头脑风暴，发现潜在问题
待谈事项直观图	关联待谈事项，并将其分类
价值分析表	帮你把低成本，高价值的谈判事项排序
谈判议程表 *	让你在谈判前和谈判中有清晰的提纲
提案计划表 *	帮你列出具体的交换条件和选项
谈判记录表 *	帮你记录、查找谈判中的所有提议

* 为谈判进程中使用的工具

这些工具的目的是帮助你挖掘交易的潜力，计算相关价值，设计开局提案，并在随后的谈判过程中掌控协议的价值。

变量风暴

这个工具像是个简单的蜂巢模型。你可以用它列出所有待谈事项，寻找潜在联系，见图9.3。这个方法就像头脑风暴一样有效，往往能帮你发现与6个主要待谈事项相关的其他事情，而这些事在一开始很难被发现。这个工具把待谈事项直观地表现出来，你可以围绕更为明显的事项，添加其他想到的事情，所以这个工具非常实用。全能型谈判高手会使用这个工具考虑各谈判事项的关联。"交付"是个待谈事项，当你开始想哪些事情与它有关系、而且值得拿出来谈的时候，你会列出时间、地点、响应速率、准确度等问题。这些对价值或成本都会产生影响。

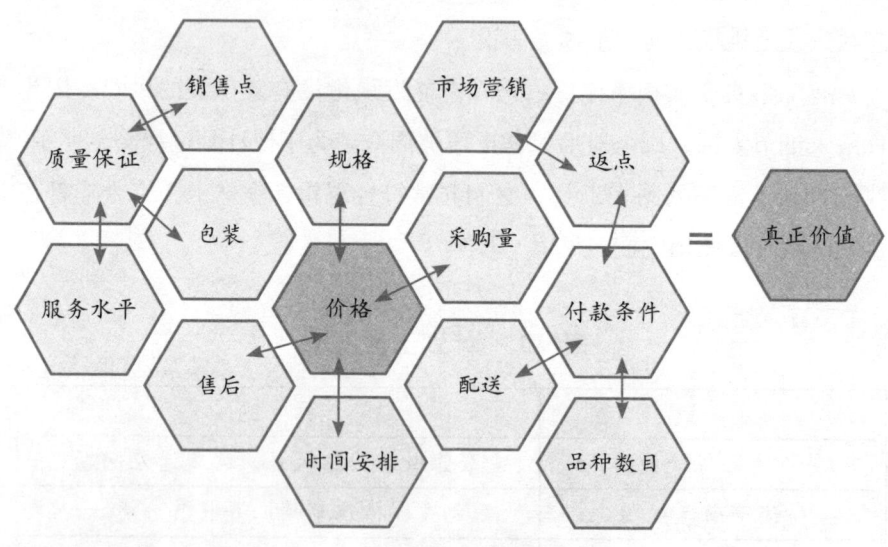

图 9.3　谈判中的变量风暴

价值分析表

最终，你必须拿出一个谈判的提案初稿。研究了待谈事项后，你需要根据每一项的利益、优先次序，以及它在对方眼中的价值，进行分类、排序。这时，我们就要运用价值分析表，见表9.2。双方召开初期探询会的时候，这个表将发挥功效。讨论期间，你可以检测你的假设是否正确。

你会揣测对方如何看待某个待谈事项的价值和重要性，而这个表格的设计初衷就是为了帮你整理和检验这些假设。利用这张表，你也可以从双方的视角出发，对比同一件事的成本和收益。

运用谈判创造价值，其中一部分就是用低成本交换高价值。这张价值分析表能帮助你找出为你带来高收益的事项。你可以用它来看清事项之间的价值关联，并据此构思交换条件。由于双方的信息并不透明，双赢通常意味着一方获胜，但另一方赢得更多。换言之，这不是公平问题，非字面上体现的五五分成。这只是一个引起双方兴趣的过程，因为无论如何分配，大家都有可能得到好处。而交换条件正是双赢的核心。

表 9.2　价值分析表

待谈事项	获　得		给　出	
	对我们的价值	对方的成本	我们的成本	对对方的价值
价　格	高	高	高	高
批发折扣	——	——	中	高
促销费用	——	——	低	高
支付条款	——	——	低	高
分　销	高	低	——	——
采购量	高	低	——	——
推　广	高	低	——	——
独家经销权	——	——	低	高

注：分为高、中、低三档，用于分析可能性

待谈事项直观图

这张图直观地体现了低成本、高价值的待谈事项之间的关系，以及各个事项的不同组合方式，帮助我们设计提案初稿，见图 9.4。

根据对各事项价值的判断，你可以运用这张在事项之间建立关联。

例如把价格和采购量关联起来，或把支付条款和交付时间表联系起来。这只是一个帮你自由组合各种可能性的基本方法，但它能让你在制定具体提案前全面考虑备选方案。

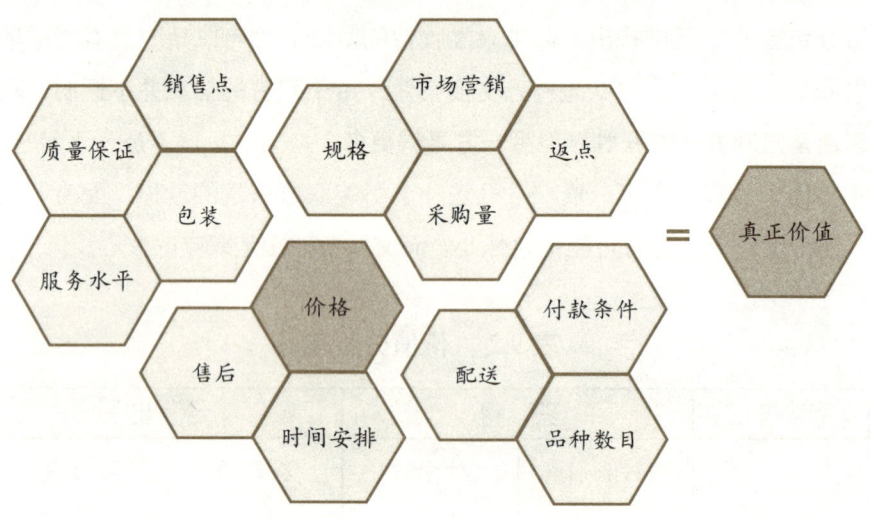

图 9.4   待谈事项直观图

例如，在这张直观图上，你可以：

◆ 将价格和采购量连线，表明这两条可以组合起来谈；
◆ 衡量最佳组合时，把价格和规格连线。

使用价值分析表的时候，你就可以开始连线各待谈事项。构思提案的时候，你可以直观地看到各种组合方式。比如采购量和折扣组合，合同期限和返点组合等。你还可以把三个事项组合起来，比如说，"如果你能接受 300 英镑的单价，按照我们的规格生产，我们首批就订 5 000 个，当然，前提是你接受所有其他条件。"永远记住，除非事事谈定，否则什么都没谈定。

议程表

检查所有待谈事项之后，就是时候把它们列入议程表了。这份表格应该能得到双方的认同，成为后续谈判的基础和标准，见图9.5。

一份合格议程表的好处是，你能清楚地看到谈判事项的完成情况。如果你们已经就时间、成本和质量问题达成共识，但检查议程表，发现合同期限和支付条款尚未商讨，你就依然有很大的谈判空间，哪怕这意味着你要把时间问题与合同期限联系起来，重新摆上谈判桌。你可以把无法接受的条件与尚未提出的条件绑定。起初你可能觉得一切充满了不确定性，但是，为某些事项留出余地后，随着谈判不断发展，你们可以更加开放地讨论问题，还可以根据双方信任程度，寻找不同备选方案。你一定会面对紧张的气氛和对方坚定的立场，所以请牢记，在任何时候都要坚持自己的立场，凡事必有附带条件，而且彼此存在清晰的关联。

> **谈判议程**
>
> 1. 服务和质量细则
> 2. 信息与数据分享
> 3. 采购量
> 4. 收费标准
> 5. 折　扣
> 6. 开工日期
> 7. 合同期限
> 8. 支付条款
> 9. 保密约定

图 9.5　议程表样张

一份双方都认同的议程表可以帮助你管理谈判初期的不确定性，也能为你塑造信任的氛围增加砝码。只有其他议题都商定后，你才会同意这个议题，意思就是，你允许交易渐渐成形，同时做到心中有数。如果其他事项难以认同，你随时可以重谈理论上已经同意的事项。一份全面的议程会向双方展示所有待谈事项。尚有其他待谈事项的时候就要同意某个条件，这会让人觉得自己暴露在外，但是在谈判中，你必须容忍这种不确定的局面。

提案计划表

这个表格用于详细记录具体的交换条件，相当于一份周详缜密的行动方案，见表 9.3。

你提出的每个条件都应该真实具体，让对方有机会在计算、衡量、考虑之后作出回应。如果你只打算简单地向对方要求更好的付款条件，然后以提升订货量作为回报，那么这种简单粗暴的提议对谈判没有任何帮助。你的要求必须更加具体，否则别指望对方会认真对待你的提议，或是作出回应。你可以直接提出增加 10% 的订货，换取 60 天的账期。详细填写提案计划表，你可以利用它在讨论开始前记录自己的提议，这些都是你经过客观冷静的思考和精心计算之后得出的交换条件。

表 9.3　提案计划表

如果你……	我们就……
设立 500 个分销点	给你 14.90 英镑的单价
采购金额满 100 万	给你 1.5% 的折扣
采购金额满 130 万，做 6 次促销	可以投入 8 万英镑的营销费用

在你提出任何条件之前，再确认一遍对方关注的问题。即使只过了很短的时间，对方关注点的优先顺序也会发生变化。弄清楚他们目前认为什么最重要，这一点极为关键。我见过有人在谈判中尽力争取自己想要的而非真正需要的东西。提问，是为了核查他们需要什么。

比如，一个建筑商坚持要租赁公司接到通知后一天之内拆除脚手架，他认为这一点非常重要。租赁公司可以接受这个条件，但随即提出加快响应速度要收取 5% 的加急费。他们不知建筑商为何这么急，因为建筑合同规定建筑商有 7 天的时间清理工地，他根本不用着急，无需支付加急费。对于价格问题，也存在同样的情况，绝大多数人认为自己想要更好的价格，可往往他们真正想要的是更合理的交易，或是更多价值。

提出交换条件时，一次不要超过 3 个，否则对方无论如何也反应不过来，这会降低他们的行动力。如果你把一次提出所有准备好的交换条件，对方的反应很可能是茫然或者迟钝。有 3 个原因：

◆ 压力之下，他们很难计算清楚。因此，他们很可能只选择顺眼的条件；

◆ 他们要搞清楚每个条件的关联，这会让他们更加糊涂；

◆ 把立场全盘托出之前，你应该先衡量一下他们的某些想法。

把提议一步步地说出来，让交易慢慢成形，这需要你付出耐心，而且能容忍谈判早期的模糊状态。在谈判开局阶段，没有一方能洞悉全局，却必须对"部分"作出回应。形势复杂时，某些事项需要暂时搁置，待其他事项谈妥后，再进行商议。

谈判记录表

当你要处理很多待谈事项，还要清晰地记录谈判过程时，这个表格就显得尤为重要，见表9.4。谈判者往往不按顺序记笔记，而且通常写得很潦草。要不了多久，你自己都会难以辨认笔记的内容，找不到对方提了哪些建议，更别说对方最后一次宣布的整体立场。这个谈判记录表会帮你把所有的提议和动作记清楚，看清现状和谈判发展的轨迹。

凭借表格回顾双方立场的时候，你可以精确地作出总结。最终签订协议时，各项事实也一清二楚。这份表格能让你：

◆ 看到对方在哪些条件上作出了调整，幅度有多大；

◆ 根据自己最后答应的条件，总结立场。

表 9.4　谈判记录表

谈判事项	你的	对方的	你的	对方的	你的	对方的
价格（英镑）	14.90	12.20	14.50	13.00	——	13.60
订货折扣	1.5%	2.0%	1.75%	2.0%		
营销费用（英镑）	80 000	150 000	——	100 000		
账期（天）	30	60	60	——		
分销点（个）	500	400	——	500	——	——
采购量（件）	100 000	100 000	130 000	150 000	——	
促销次数	6	8	10	10		
独家经销期限（月）	12	12	——	——	——	——

如果不能确认双方同意的事项，你就无法完全掌握双方作出了哪些决定。在许多案例中，双方不得不再谈判一次，以敲定最终结果。

现在，你可以开始谈判了。准备工作已经完成，你掌握了策略和制胜高招，也摸透了对方的心思，可以从对方的角度看待交易中的机会。

大师点题

　　要掌控局势，你就要作好计划，这是一句至理名言。那些被动应付局势的谈判者自然会处于劣势，所以你要永远积极主动，作好充分的准备。想增强自己的谈判力量，这一点务必做到。

　　唯有做好计划，谈判高手才能称得上"全能"，而且他们永不会认为自己十全十美。永远不要妄自揣测，要不停地探寻真相；永远不要急于求成，要深思熟虑，尊重对手。谈判是个很难维持的天平，它需要你镇定、自信、坚韧。正因如此，永远不要沾沾自喜，因为失败的代价你负担不起。

后　记 G

打开双赢的大门

　　要顺利地谈成协议，解开僵局，管理期望，达成可持续的交易，你需要本书讲到的所有技能、态度、知识和自省能力。对很多人来说，应对谈判带来的挑战并非易事，认真回顾自己的每一次表现，拿出不断提升的劲头，你将得到回报最为丰厚的自我成长机会。

　　要出色完成谈判，你首先应该理解一点：能够影响眼前形势的人非你莫属。你可以责怪市场、人性、时机、备选方案、力量分配，或任何你认为事不凑巧、都与你唱对台戏的因素，但到了最后，能够扭转局势的只有你，只有你能把本要陷入僵局的谈判变为有利可图的生意。

　　现在，到了保持冷静、看穿花招、表现镇定和耐心的时候。无论你的力量是真实还是表象，无论它从何而来，都将在谈判中发挥作用，而且无论你的谈判能力多强，如果力量的天平向对方倾斜，你必将忍受妥协带来的挫折感。相信你的直觉，冷静应对。这会让你的谈判结果迥然不同。

　　如果不得不叫个暂停，那就先把会议延期，或重新检查备选方案。如果你意识到这种状态，而且做好了准备，可以自如运用这一段必需利用的时间，那就说明你是个有意识、有能力、行为得当的谈判者。

了解自己想争取什么，并努力找出对方要争取什么。这需要你充分理解自己的目标，好胜心强的人还要接受这个观念：谈判的目的不是取胜，而是让别人按你的想法行事，为了做到这一点，你需要从他们的视角看待一切。

全能型谈判高手和普通谈判者之间的差距，恐怕就是超强的自省能力了。他们不会受到"公平感"的驱使，也不会被自我意识干扰判断。你也应该像他们一样，仔细权衡和考虑每一种情势。

仔细倾听，认真思考，深刻自省，理解周围人的想法，然后有意识地发挥学到的技能。希望这本《优势谈判实战训练手册》讲解得足够清晰。

致　谢 G

　　我要感谢我的妻子柯尔丝滕，感谢她无条件的支持和鼓励，没有她，就没有我的职业生涯和团队。

　　感谢我的3个儿子乔尼、安迪和卡梅伦，我的很大一部分关于谈判、力量和互赖的知识都是从他们那儿学来的。

　　我还要感谢团队里杰出的谈判高手们，我与他们一同经历了许多事情，从他们那里得到了很多启发。因他们愿用毕生精力把谈判能力推上新高度，我才得以写出这本关于全能型谈判高手的书，解决人们在谈判中遇到的问题。书中的思想源自这些优秀的同事，而且每一天都为我们世界各地的客户带来新的创意。

一位王牌谈判大师的制胜秘诀

丰富而经典的谈判大师手记
真实而有影响力的案例剖析

谈判大师罗杰·道森通过独创的优势谈判技巧，教会你如何在谈判桌前取胜，更教会你如何在谈判结束后让对方感觉到是他赢得了这场谈判，而不是他吃亏了。

无论你的谈判对手是房地产经纪人、汽车销售商、保险经纪人，还是家人、朋友、生意伙伴、上司，你都能通过优势谈判技巧成功地赢得谈判，并且赢得对方的好感。

《优势谈判》15周年经典版新增了作者的最新实战经验和技巧：

◆ 如何在谈判时占尽优势？

◆ 怎样让步既不吃亏，还让对手满意？

◆ 如何透过肢体语言解读对手的想法和动机？

◆ 如何听懂对手的话外之音，增加谈判的信心？

你手上的这本书是由国际首席商业谈判大师罗杰·道森集30年的成功谈判经验著述而成，书中有详细的指导、生动而真实的案例、权威的大师手记和实用的建议，为你提供走上富足人生的优势指南。

〔美〕罗杰·道森 著

刘祥亚 译

中资海派出品
定　价：68.00元

全世界赚钱速度最快的就是谈判

和罗杰·道森一起学谈判就是快速赚钱的开始

首度揭开中情局情报霸权的惊世内幕

史无前例揭露不为人知的 CIA 监听秘史
全方位多角度再现大国情报暗战真相

〔美〕蒂姆·韦纳 著
杜 默 译
林添贵 审订
魏忠雷 审校

中资海派出品
定 价：49.80元

★ 区区一个中情局雇员，斯诺登为何敢与奥巴马死磕到底？"棱镜门"的背后上演了怎样的监听风云？

★ 从"香烟炸弹"、"毒药手帕"到"钢笔注射器"……，为何中情局暗杀卡斯特罗的 638 种办法都以失败告终？奥巴马和劳尔·卡斯特罗在曼德拉葬礼上的握手，是否意味着"旧的监听时代"结束？

★ CIA 特工如何靠一部假冒电影将美国人质带离德黑兰？从范登堡到帕内塔，为何一任接一任的局长只会将中情局管理的更糟？

　　作为实施监听窃取情报的"鼻祖"，中情局将监听的艺术发挥到极致。纵然它践踏民主、危害自由，但中情局仍然以秘密情报作为利器，在世界各个角落张牙舞爪。

　　纽约时报首席记者蒂姆·韦纳经过缜密调查，参阅了一份最新解密的 70 000 多页绝密文件，汇集 300 多份前中情局官员与退休特工的访谈，以最客观真实的角度描述了中情局的前世今生。大国监听的时代中情局将何去何从，

　　本书将为你一一揭开这些谜底。

监听到底是美国维持霸权的救命稻草，
还是其慢性自杀的毒药？

伟大的领导者如何激励每个人都行动

只有"为什么"，
才能激励他人采取行动！

◆ 苹果和它的竞争对手，拥有同样的人才、同样的代理商、同样的顾问、同样的媒体，为什么苹果的产品看上去总是与众不同？

◆ 苹果没有发明 MP3，第一个进入市场的是创新科技，可是苹果凭什么后来居上，用 ipod 改变了整个音乐行业？

◆ 星巴克早期以理念吸引无数顾客，为何在 2000 年舒尔茨辞职后陷入过分扩张的危险泥潭中？

在本书中，斯涅克运用了各个行业的真实案例，为你详细解读黄金圈法则的巨大威力。无论是个人还是组织，无论是高层领导还是创业者，都能从中获得启发。

运用黄金圈法则，你可以成为真正的领导者，并赢得他人的认同和追随。在组织中，你可以培养出信任和凝聚力，做出真正创新的产品，拥有强大的市场号召力，获得永续的成功。

唯有先想清楚"为什么"，你才能知道该怎么做、做什么。黄金圈法则教我们从本质出发，从而让你拥有别人无法复制的竞争力。

〔美〕西蒙·斯涅克 著
苏 西 译

中资海派出品
定 价：32.00元

那些赢得众人追随的领导者，
其思考顺序都是从"WHY"开始，再向外扩散的！

"iHappy 书友会"会员申请表

姓　名（以身份证为准）: _____ ; 性　别: _____ ;

年　龄: _____ ; 职　业: _____ ;

手机号码: _____ ; E-mail: _____ ;

邮寄地址: _____ ; 邮政编码: _____ ;

微信账号: _____ （选填）

所购图书封底防伪码（揭开防伪标签，即可看到标签下防伪码）:

_____

请在以下 9 本图书中任选一册

您选择的图书名为《××××××》

请严格按上述格式将相关信息发邮件至中资海派"iHappy 书友会"会员服务部。

　　邮　箱: zzhpHYFW@126.com

　　微信联系方式: 请扫描二维码或查找 zzhpszpublishing 关注"中资海派图书"

中资经典，打造最具价值的管理胜经
一切为了精英阅读而努力

我们在接到您的会员申请表后，会在第一时间发送审核回函，一经审查通过，您将
立即成为我司"iHappy 书友会"会员。首次成为会员者，可以免费获得以下图书一册，
我们将以平邮的方式邮寄给您，请确保邮寄地址可以收到邮政平信（请勿重复申请，
重复加入会员无效）。可选书目有:

《直达买家》定价: 32.00 元
(The New Rules of Marketing and PR)
戴维·米尔曼·斯科特（David Meerman Scott）

让别人免费帮你卖产品的
网络营销公关新规则

《同心圆领导力》定价: 25.00 元
(Hesselbein on Leadership)
弗朗西斯·赫塞尔本（Frances Hesselbein）

成功带领团队走向未来的关键力量
领导者的品格决定了企业的绩效与成败

《组织生存力》定价: 29.8 元
(The Five Most Important Questions
You Will Ever Ask About Your Organization)
彼得·德鲁克（Peter Drucker）等

让成功的组织更成功的 5 大力量

《谁是下一个商界英雄》定价：28.00 元　　　《重塑管理》定价：28.00 元　　　《谈判从说"不"开始》定价：28.00 元
(*You Can't Predict A Hero*)　　　　　　　(*Management-rewierd*)　　　　　　　(*No*)
约瑟夫·乔·格拉诺（Joseph J. Grano）　　　查尔斯·雅各布斯（Charles S. Jacobs）　　　吉姆·坎普（Jim Camp）

危机领导成就卓越领导　　　　　　　　　管的越少，反而一切尽在掌握中　　　　　不再盲目妥协！向对手说"不"，占据无限商机。

《拿破仑·希尔的首版书》定价：28.00 元　　　《我们合一》定价：29.80 元　　　《魔鬼管理学》定价：42.00 元
(*Napoleon Hill's First Editions*)　　　　　(*We*)　　　　　　　　　　　(*What Got You Here Won't Get You There*)
拿破仑·希尔（Napoleon Hill）　　　　　　鲁迪·科森（Rudy Karsan）等　　　　　马歇尔·古德史密斯（Marshall Goldsmith）等

失落了近一个世纪的致富经典　　　　　　全心投入的力量远远超过我们的想象　　　只要你管一个人，就需要看这本书

轻松反馈信息　免费获赠图书

在您的阅读过程中，中资海派还将竭诚为您提供以下服务：

　　1. 定时阅读计划　　2. 答疑解难　　3. 复习通关　　4. 权威专家指导

只有您能一眼看出，
这是能使您能力更上新台阶的管理胜经

特别说明

　　1. 从会员申请通过到收到第一本书刊需用时 7 ~ 20 天。
　　2. 读者订阅的书刊由深圳寄出，如果您在 20 天内未收到，请及时反馈给我们。

短信查询正版图书及中奖办法

A. 电话查询
　　1. 揭开防伪标签获取密码，用手机或座机拨打 4006708315；
　　2. 听到语音提示后，输入标识物上的 18 位密码；
　　3. 语言提示：您所购买的产品是深圳市中资海派文化传播有限公司出品的正版图书。

B. 手机短信查询方法（移动收费 0.2 元／次，联通收费 0.3 元／次）
　　1. 揭开防伪标签，露出标签下 18 位密码，输入标识物上的 18 位密码，确认发送；
　　2. 发送至 13825050315，得到版权信息。

C. 互联网查询方法
　　1. 揭开防伪标签，露出标签下 18 位密码；
　　2. 登录 www.801315.com；
　　3. 进入"查询服务""防伪标查询"；
　　4. 输入 18 位密码，得到版权信息。

　　中奖者请将 18 位密码以及中奖人姓名、身份证号码、电话、收件人地址和邮编 E-mail 至 szmiss@126.com，或传真至 0755-25970309。

　　一等奖：168.00 元人民币(现金)；
　　二等奖：图书一册；
　　三等奖：本公司图书 6 折优惠邮购资格。
　　再次谢谢您惠顾本公司产品。本活动解释权归本公司所有。

读者服务信箱

感谢的话

谢谢您购买本书！顺便提醒您如何使用 ihappy 书系：
◆ 全书先看一遍，对全书的内容留下概念。
◆ 再看第二遍，用寻宝的方式，选择您关心的章节仔细地阅读，将"法宝"谨记于心。
◆ 将书中的方法与您现有的工作、生活作比较，再融合您的经验，理出您最适用的方法。
◆ 新方法的导入使用要有决心，事先做好计划及准备。
◆ 经常查阅本书，并与您的生活、工作相结合，自然有机会成为一个"成功者"。

优惠订购	订阅人		部　门		单位名称	
	地　　址					
	电　　话			传　真		
	电子邮箱		公司网址		邮　编	
	订购书目					
	付款方式	邮局汇款	中资海派商务管理(深圳)有限公司 中国深圳银湖路中国脑库 A 栋四楼　　　邮编：518029			
		银行电汇或转账	户　名：中资海派商务管理(深圳)有限公司 开户行：招行深圳科苑支行 账　号：81 5781 4257 1000 1 交行太平洋卡户名：桂林　卡号：6014 2836 3110 4770 8			
	附注		1. 请将订阅单连同汇款单影印件传真或邮寄，以凭办理。 2. 订阅单请用正楷填写清楚，以便以最快方式送达。 3. 咨询热线：0755-25970306转158、168　传　真：0755-25970309 E-mail: szmiss@126.com			

→利用本订购单订购一律享受 9 折特价优惠。
→团购 30 本以上 8.5 折优惠。